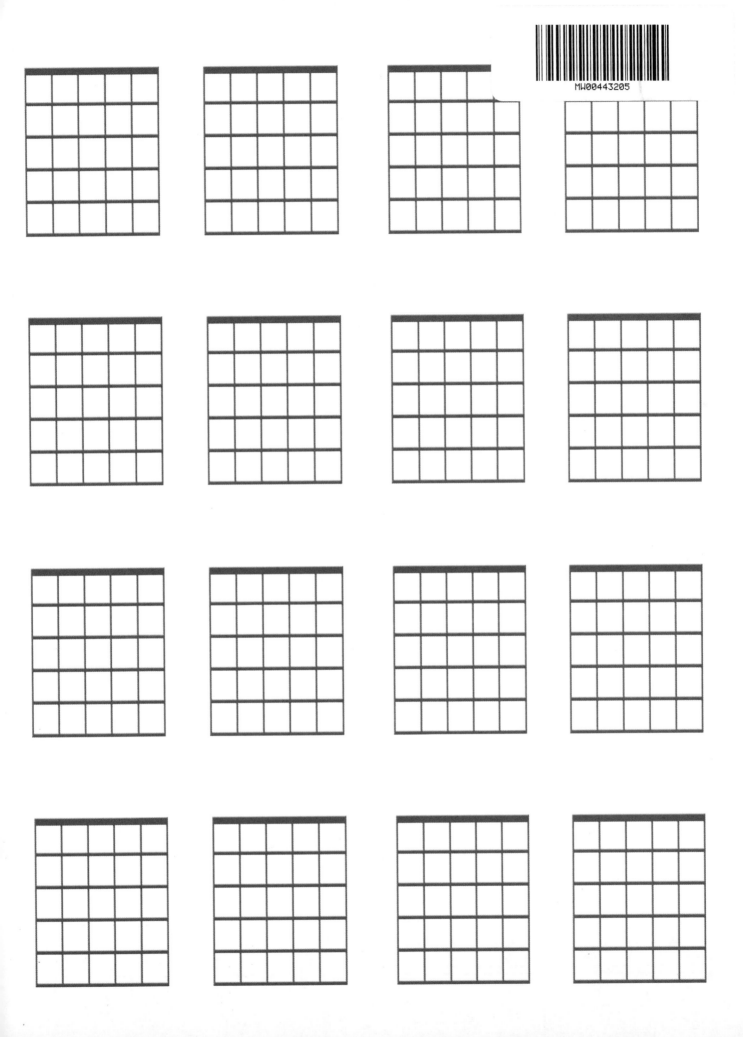

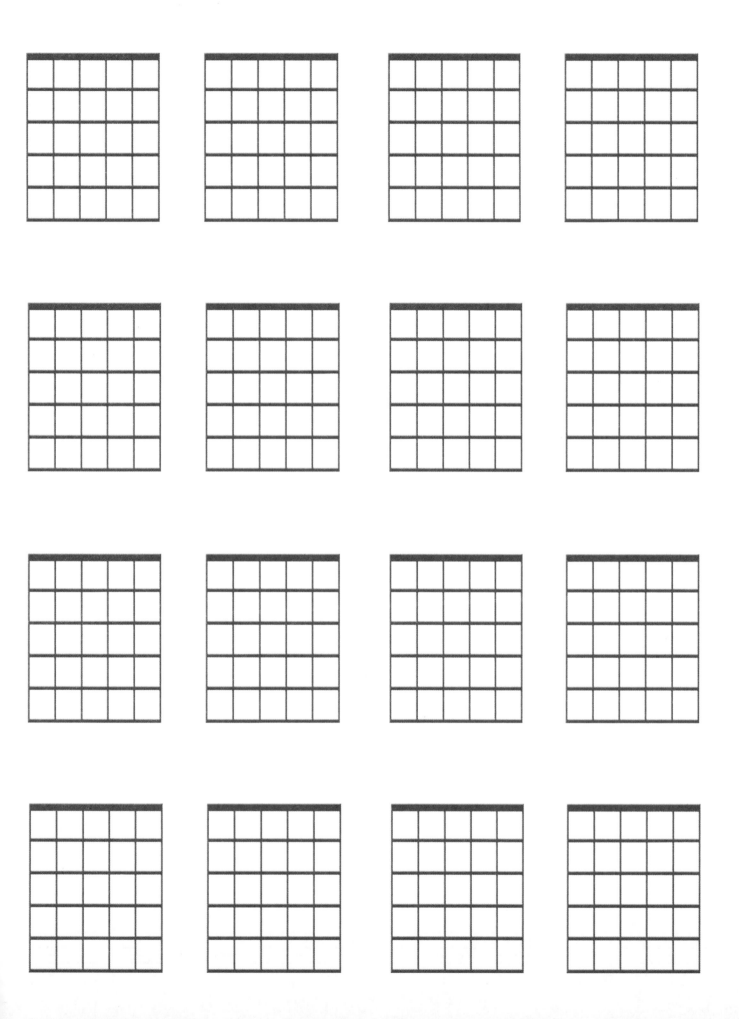

TAB

TAB

TAB

TAB

TAB

TAB

TAB

TAB

TAB

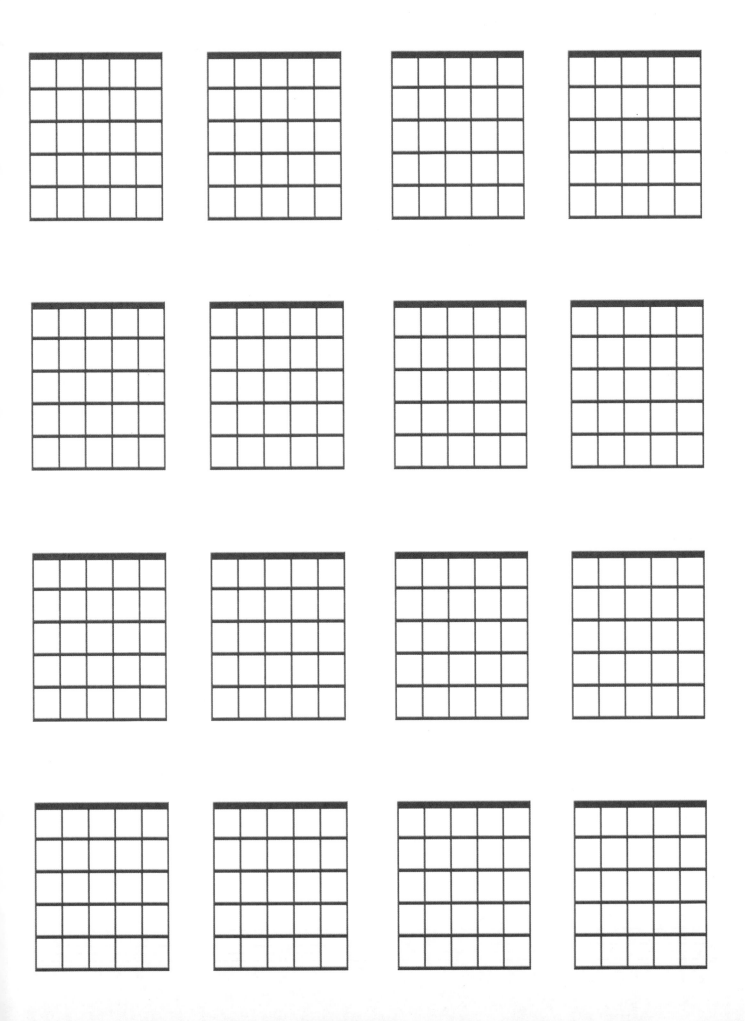

```
T
A
B


T
A
B


T
A
B


T
A
B


T
A
B


T
A
B


T
A
B


T
A
B


T
A
B
```

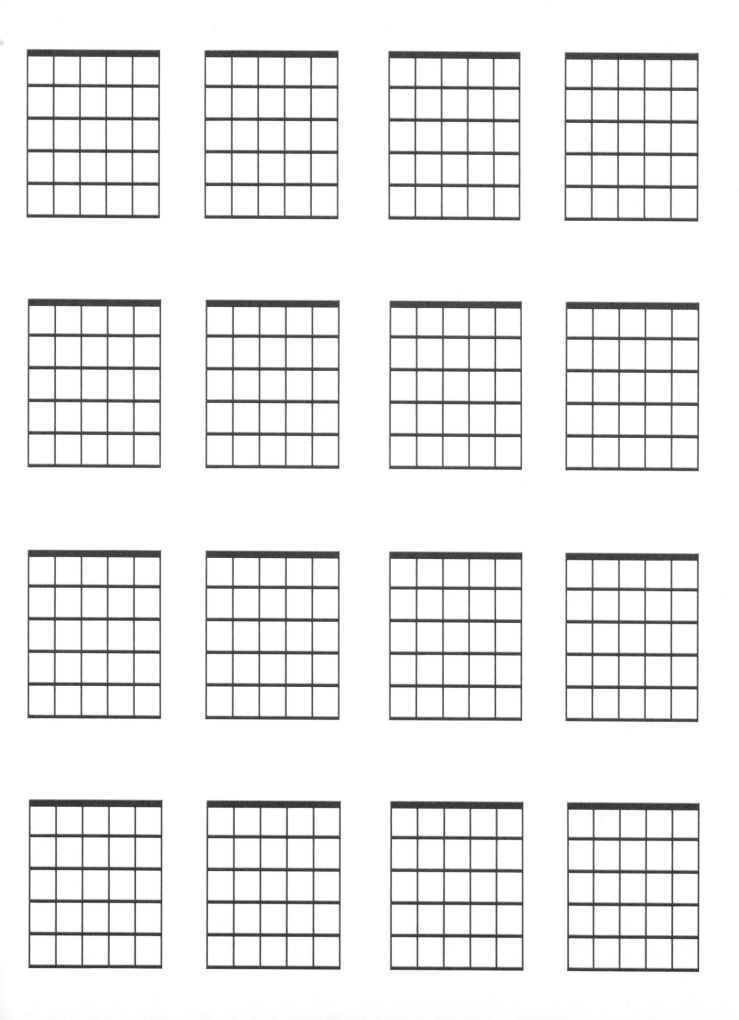

```
T
A
B


T
A
B


T
A
B


T
A
B


T
A
B


T
A
B


T
A
B


T
A
B


T
A
B
```

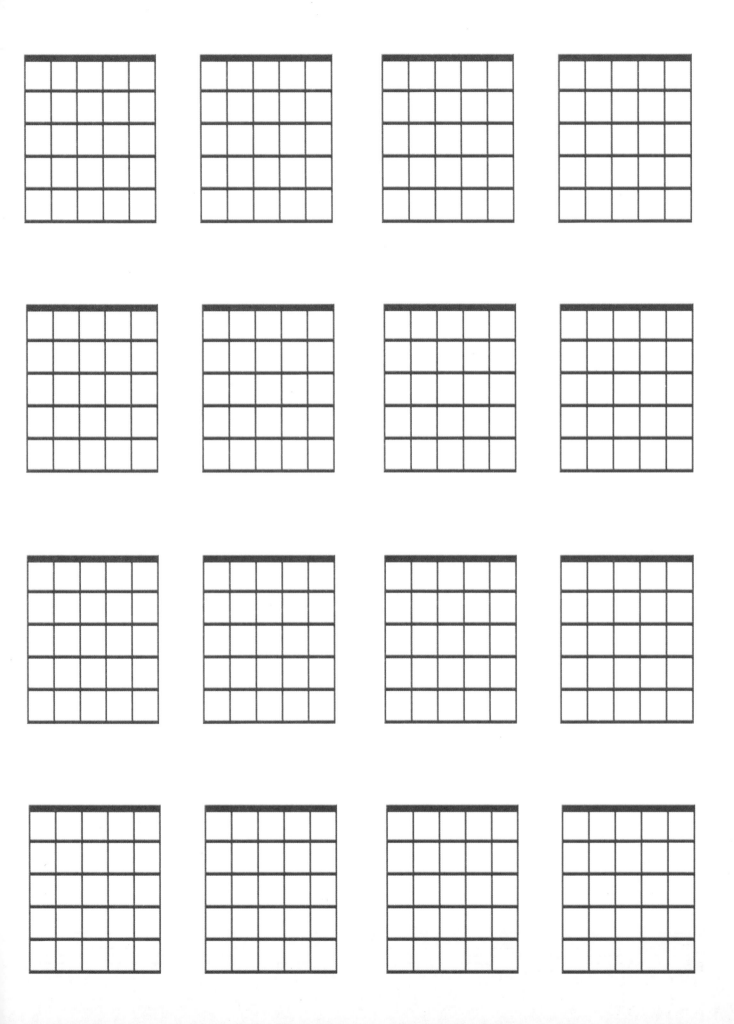

```
T
A
B



T
A
B



T
A
B



T
A
B



T
A
B



T
A
B



T
A
B



T
A
B



T
A
B
```

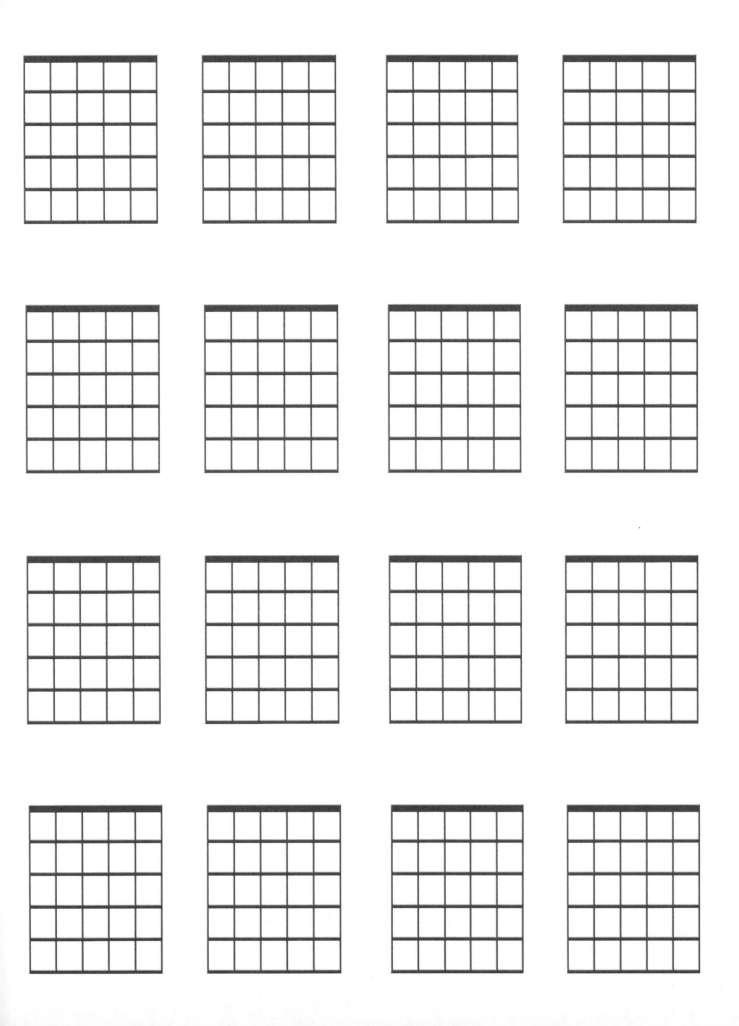

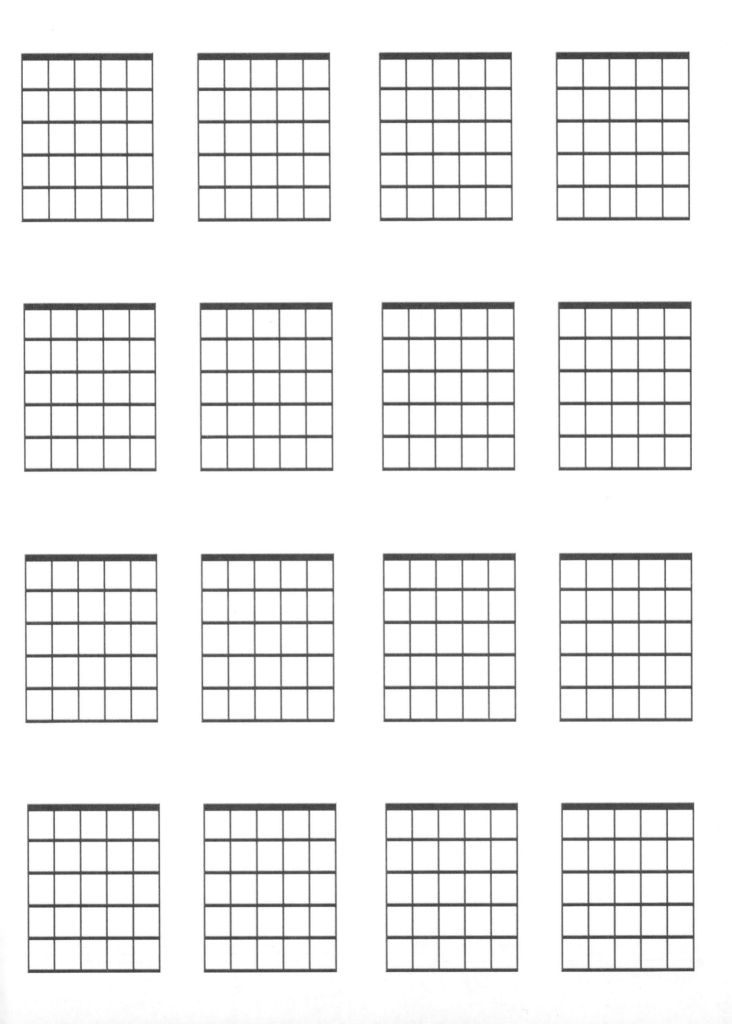

TAB

TAB

TAB

TAB

TAB

TAB

TAB

TAB

TAB

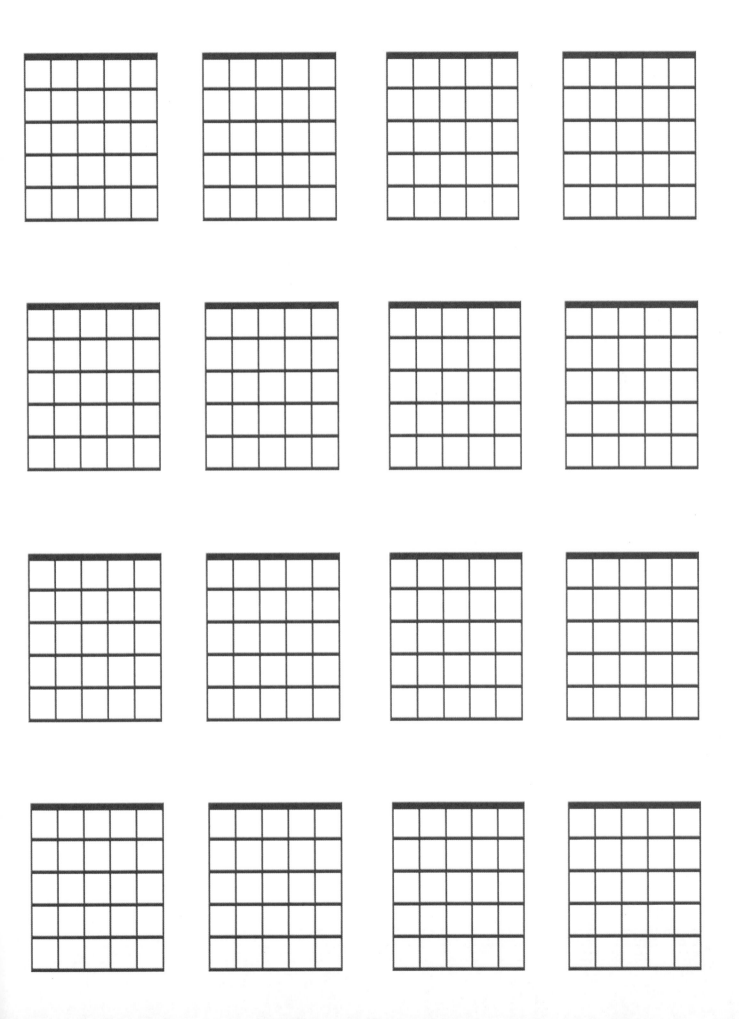

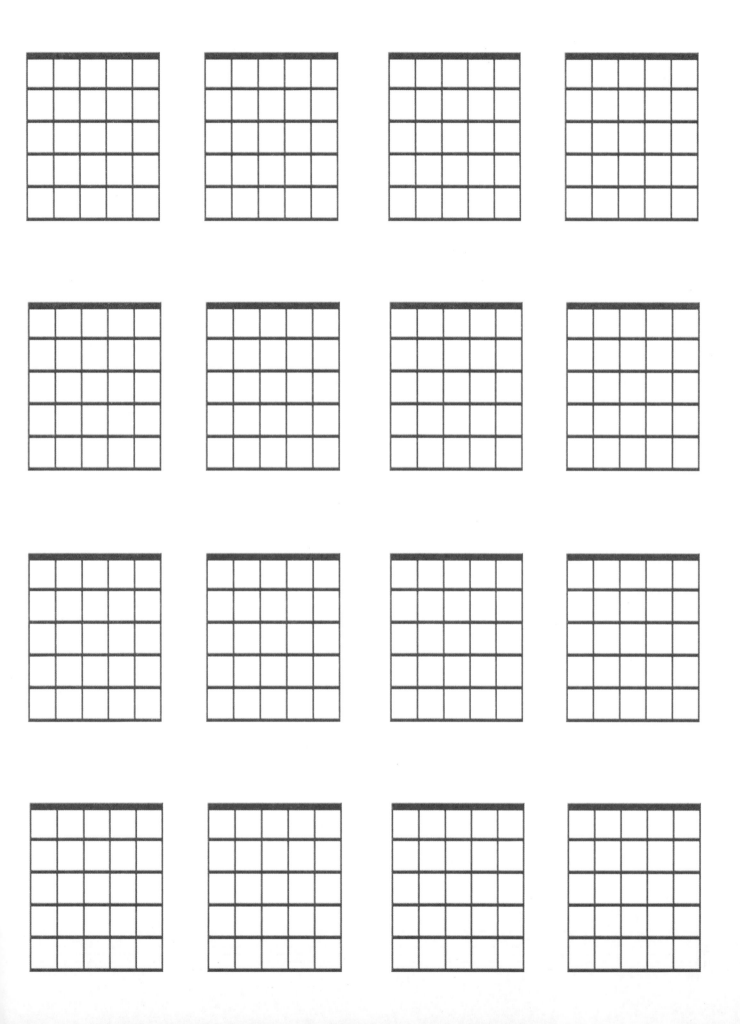

```
T
A
B


T
A
B


T
A
B


T
A
B


T
A
B


T
A
B


T
A
B


T
A
B


T
A
B
```

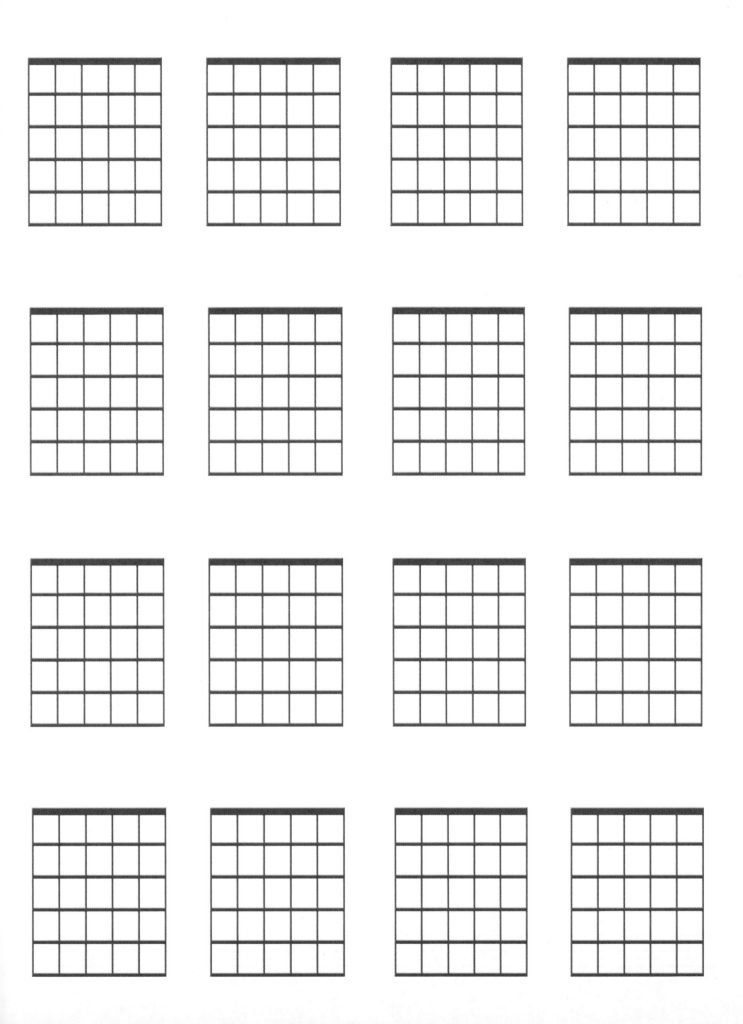

```
T
A
B


T
A
B


T
A
B


T
A
B


T
A
B


T
A
B


T
A
B


T
A
B


T
A
B
```

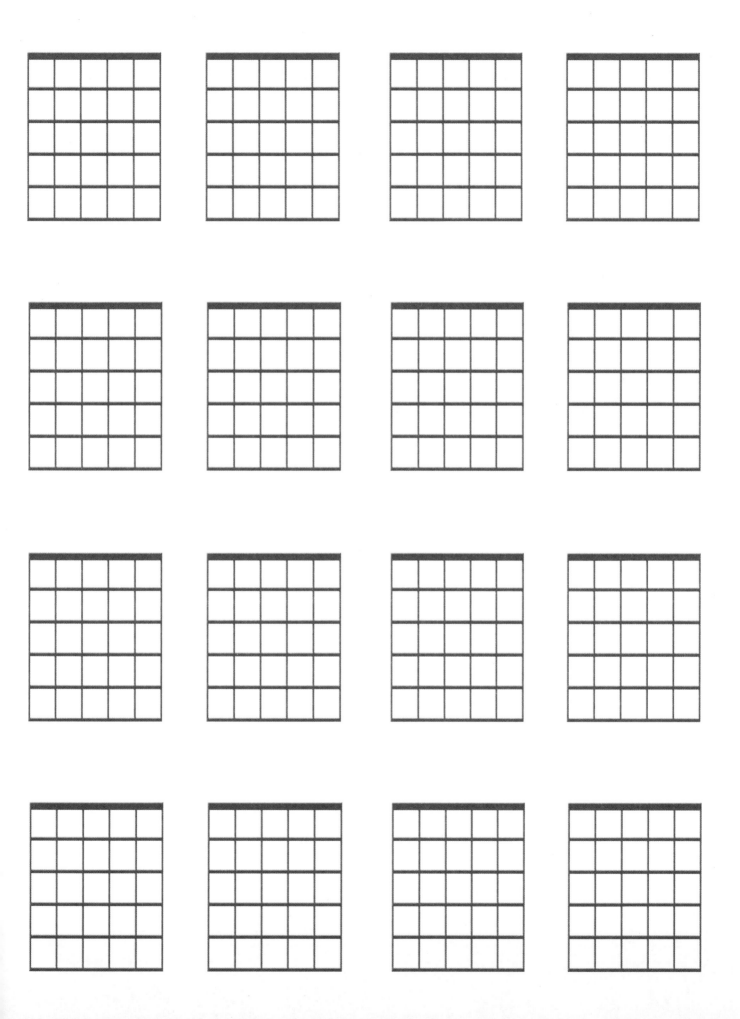

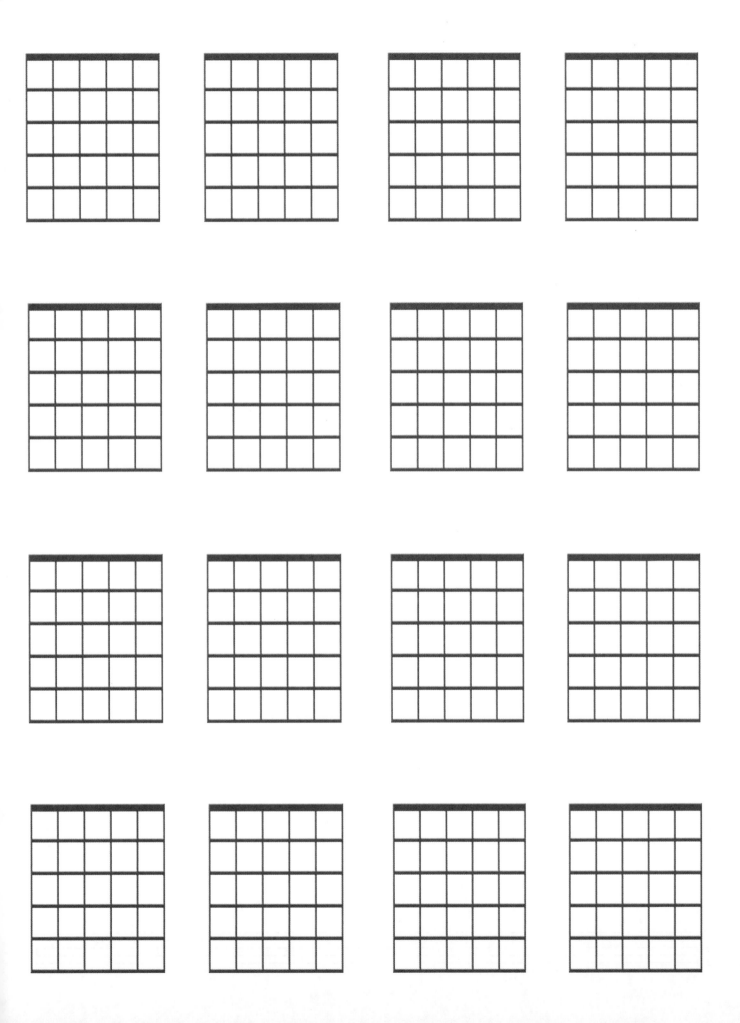

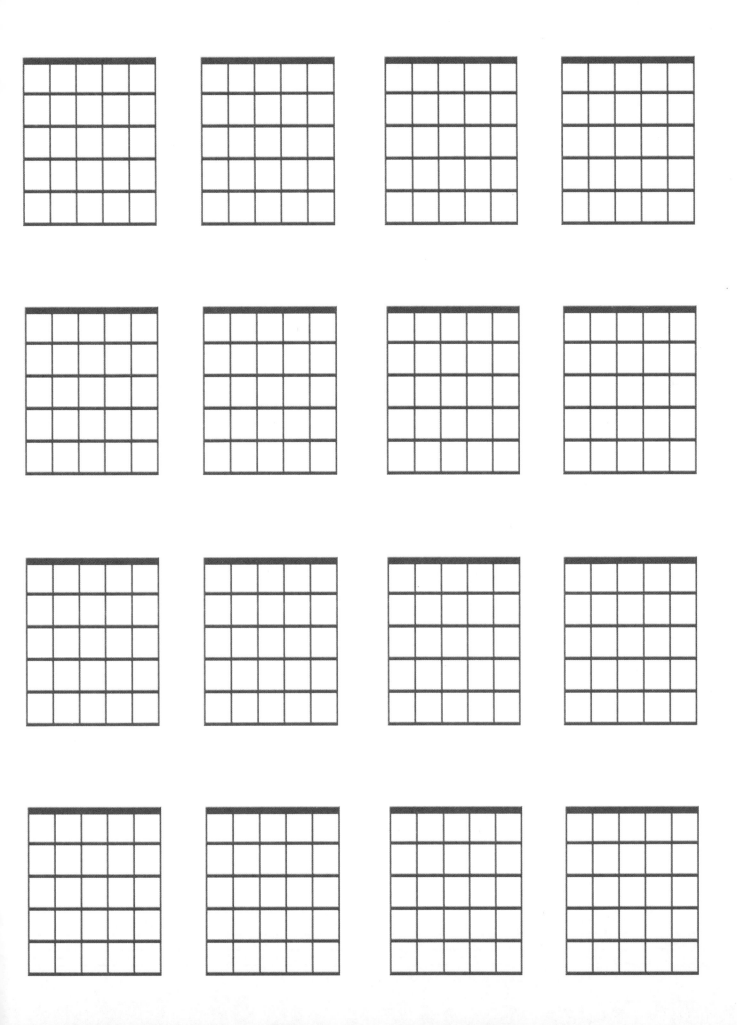

```
T
A
B


T
A
B


T
A
B


T
A
B


T
A
B


T
A
B


T
A
B


T
A
B


T
A
B
```

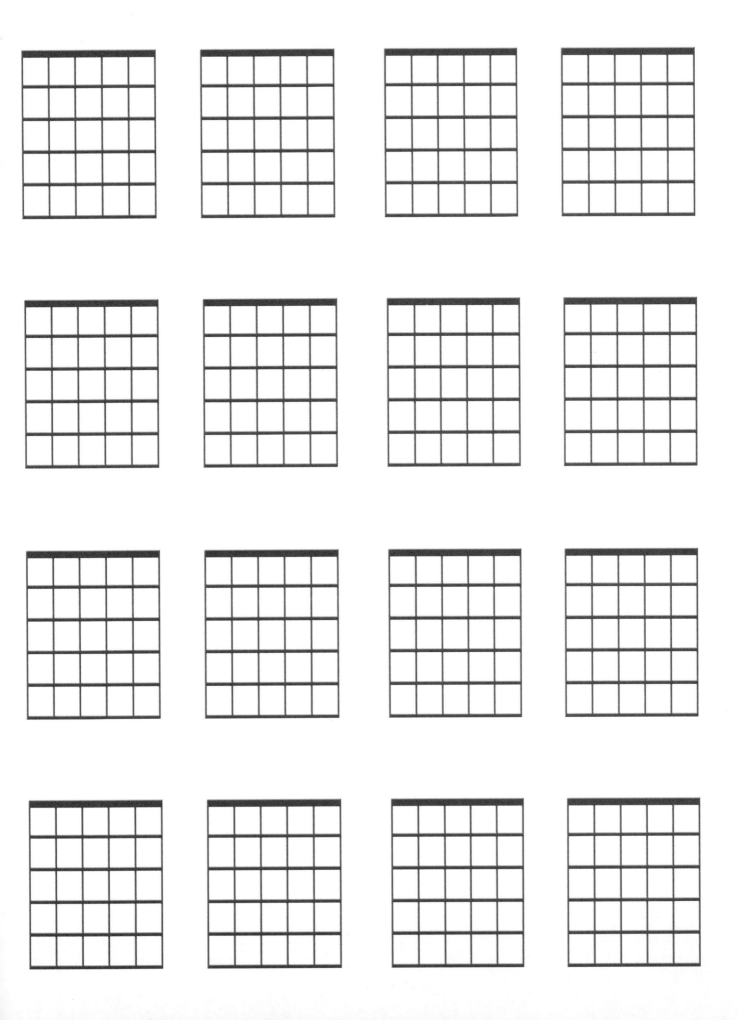

TAB

TAB

TAB

TAB

TAB

TAB

TAB

TAB

TAB

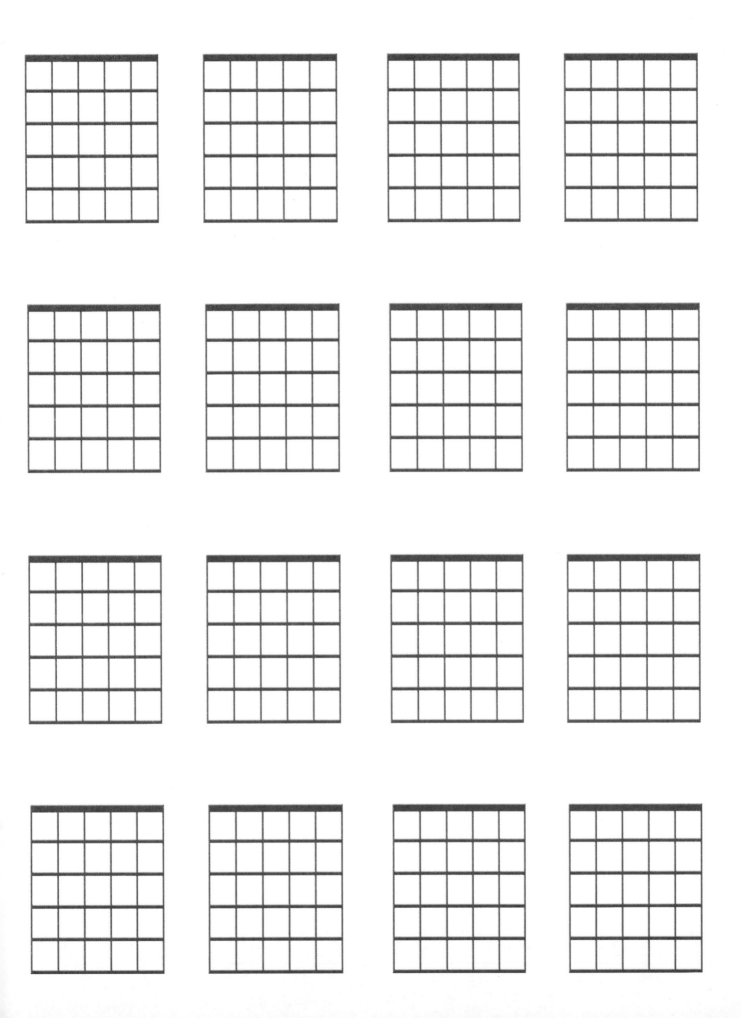

```
T
A
B


T
A
B


T
A
B


T
A
B


T
A
B


T
A
B


T
A
B


T
A
B


T
A
B
```

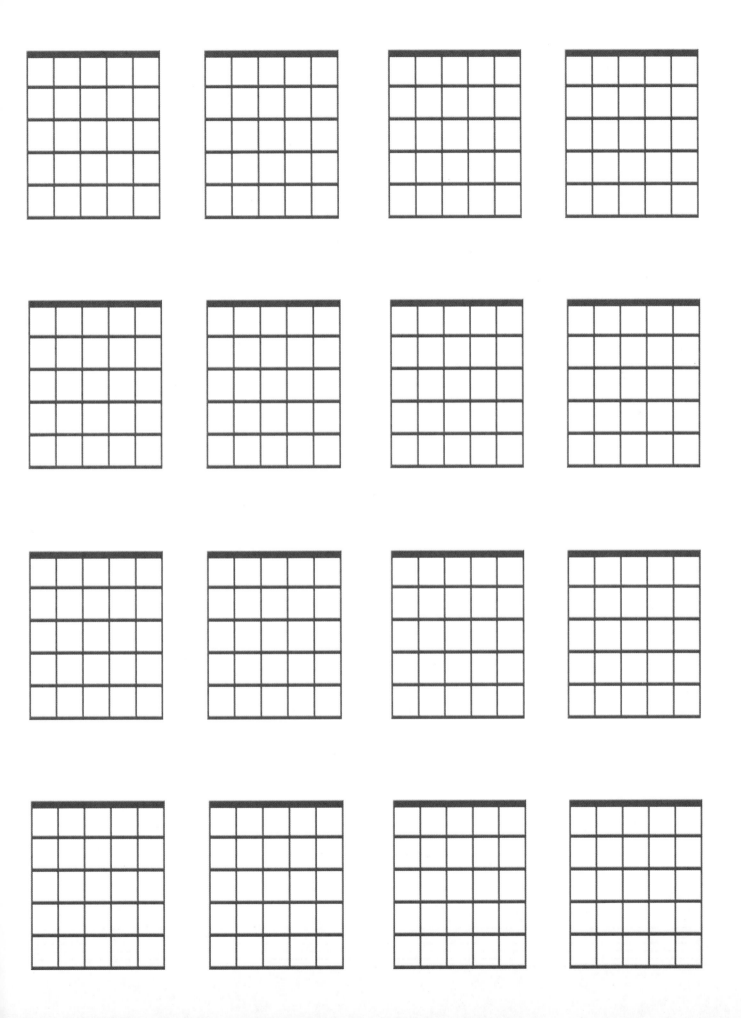

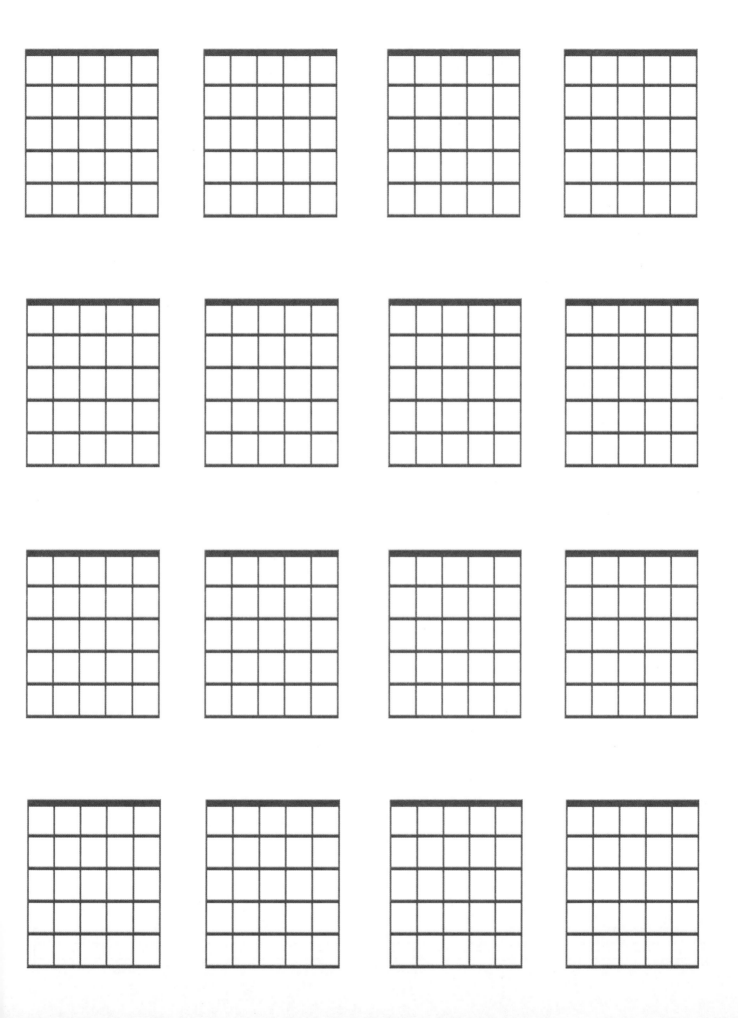

TAB

TAB

TAB

TAB

TAB

TAB

TAB

TAB

TAB

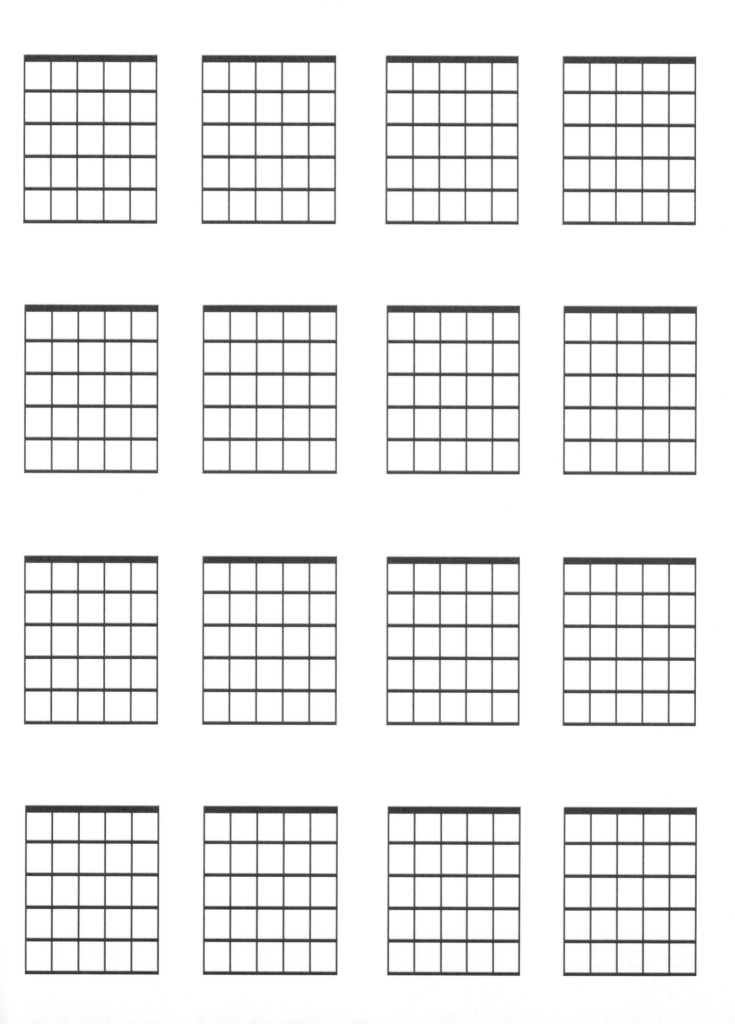

T
A
B

T
A
B

T
A
B

T
A
B

T
A
B

T
A
B

T
A
B

T
A
B

T
A
B

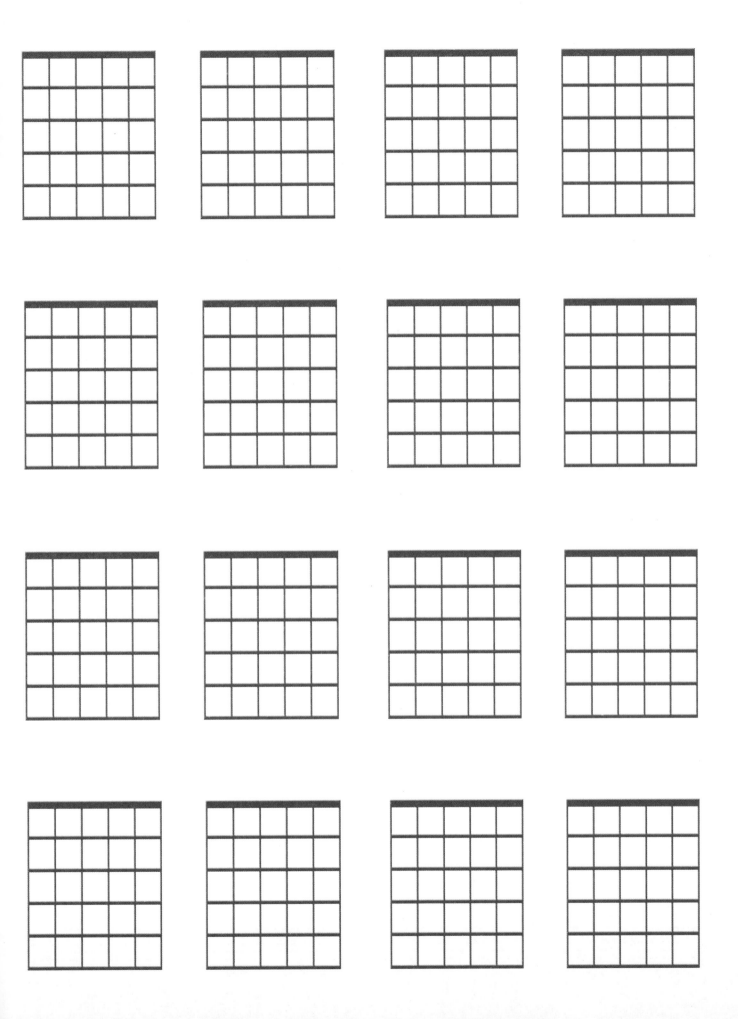

```
T
A
B


T
A
B


T
A
B


T
A
B


T
A
B


T
A
B


T
A
B


T
A
B


T
A
B
```

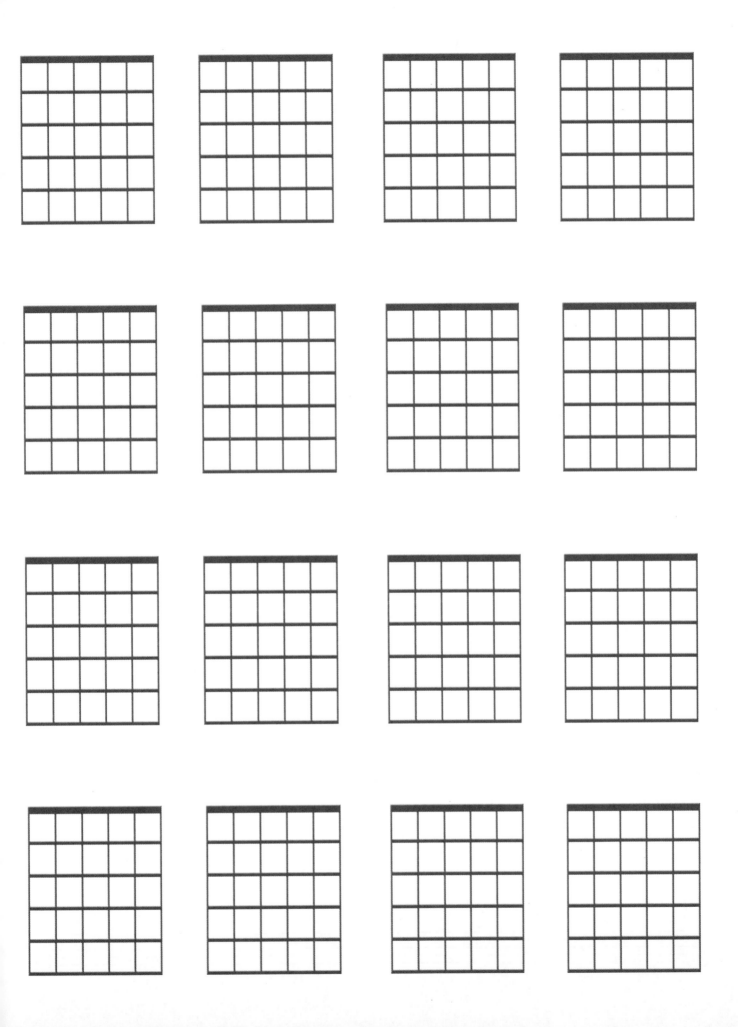

TAB

TAB

TAB

TAB

TAB

TAB

TAB

TAB

TAB

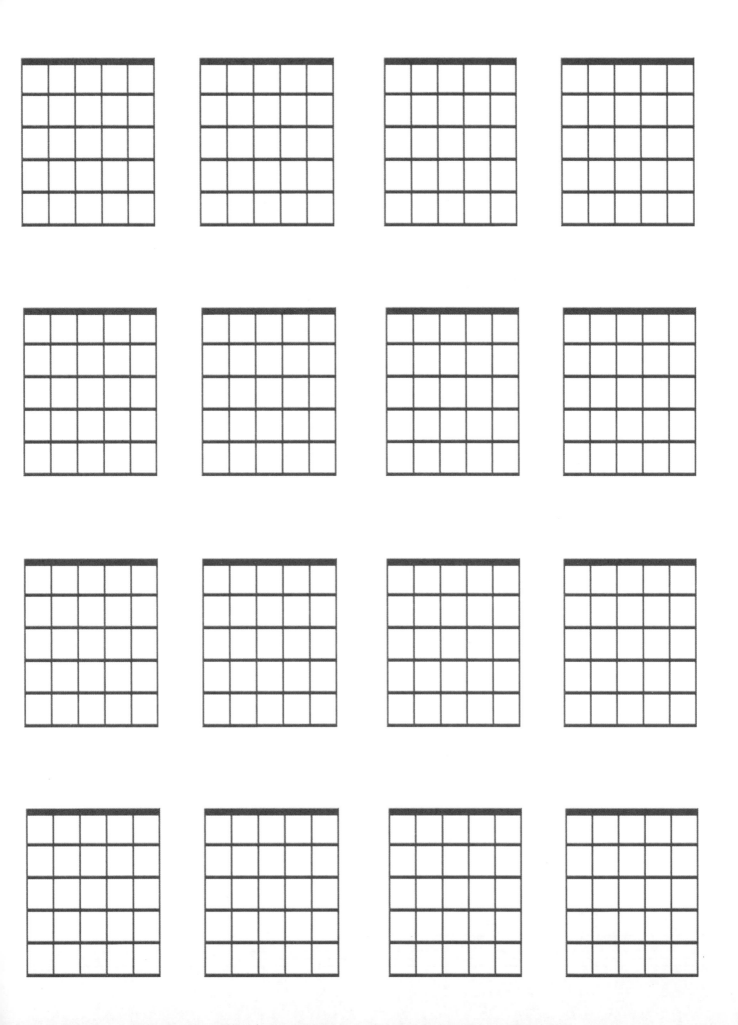

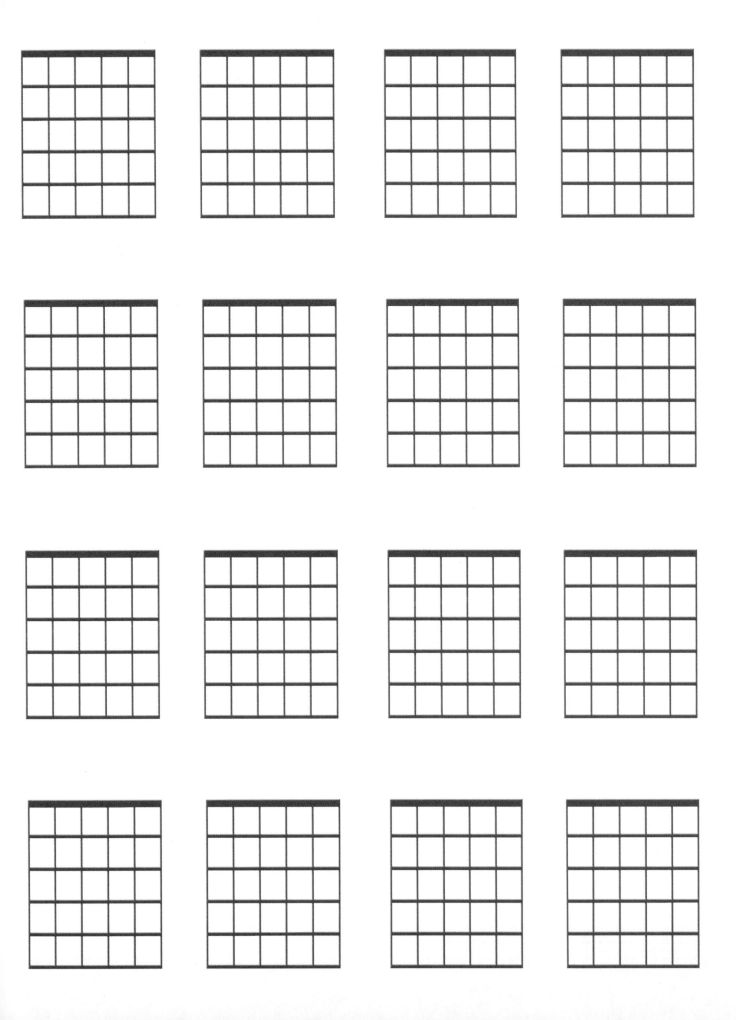

```
T
A
B


T
A
B


T
A
B


T
A
B


T
A
B


T
A
B


T
A
B


T
A
B


T
A
B
```

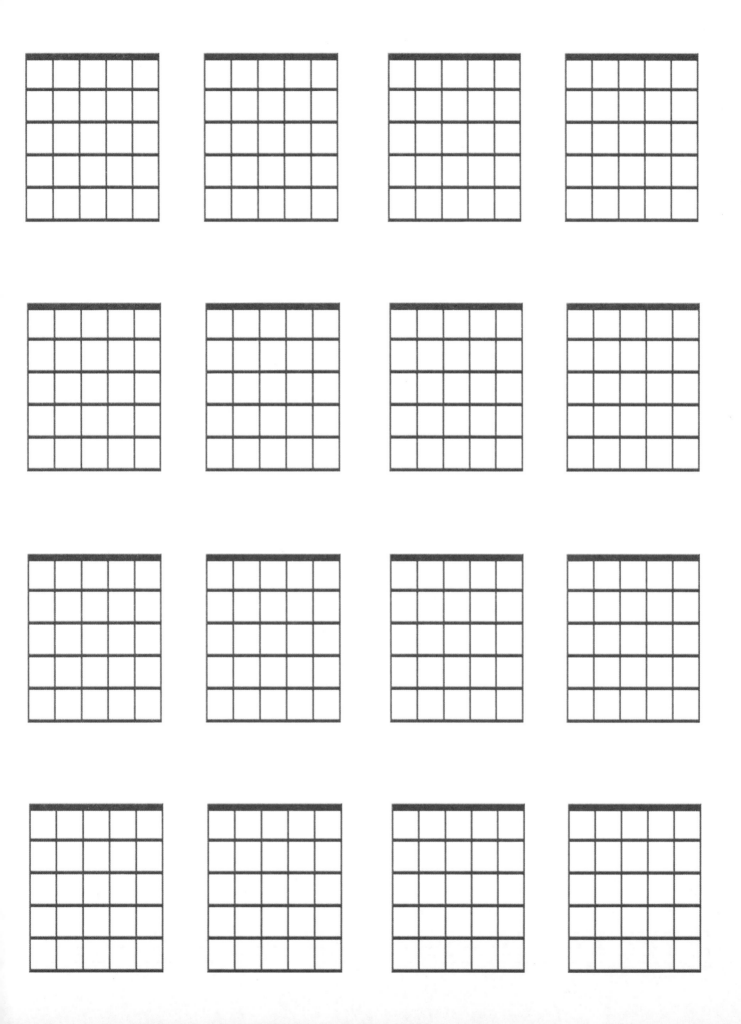

```
T
A
B

T
A
B

T
A
B

T
A
B

T
A
B

T
A
B

T
A
B

T
A
B

T
A
B
```

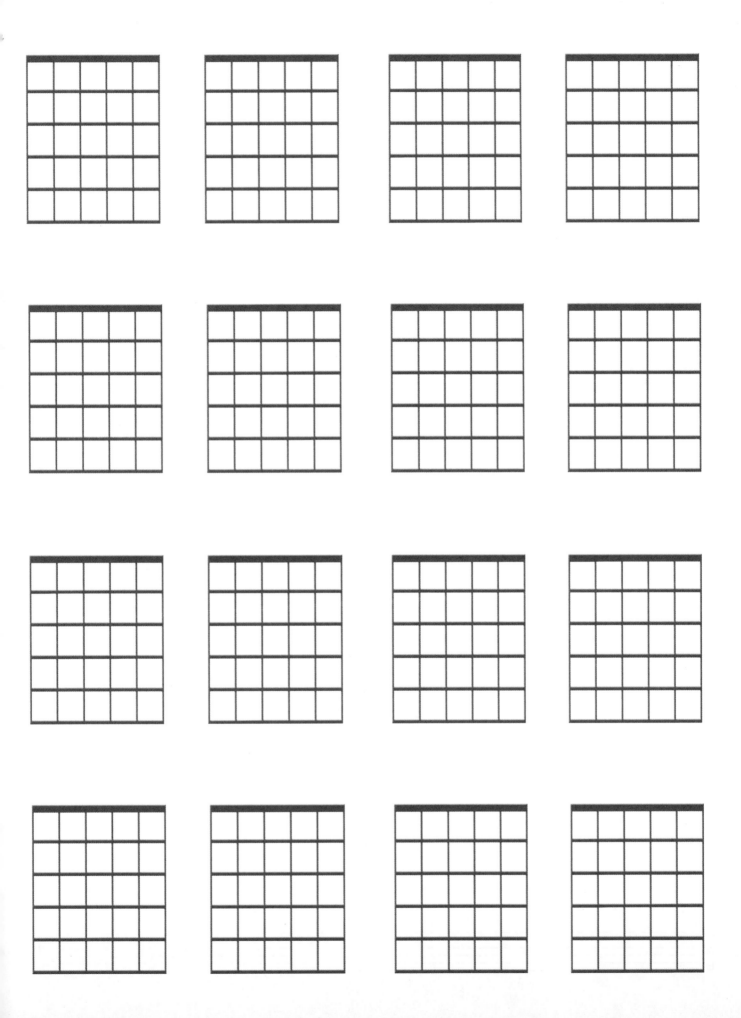

```
T
A
B


T
A
B


T
A
B


T
A
B


T
A
B


T
A
B


T
A
B


T
A
B


T
A
B
```

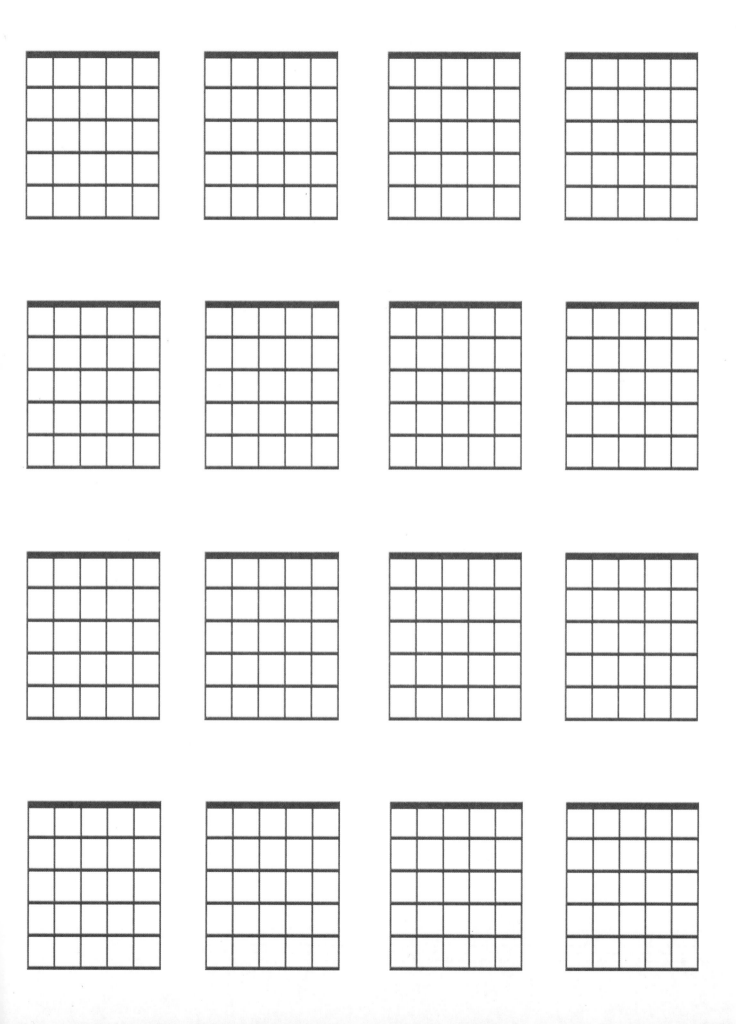

```
T
A
B
```

```
T
A
B
```

```
T
A
B
```

```
T
A
B
```

```
T
A
B
```

```
T
A
B
```

```
T
A
B
```

```
T
A
B
```

```
T
A
B
```

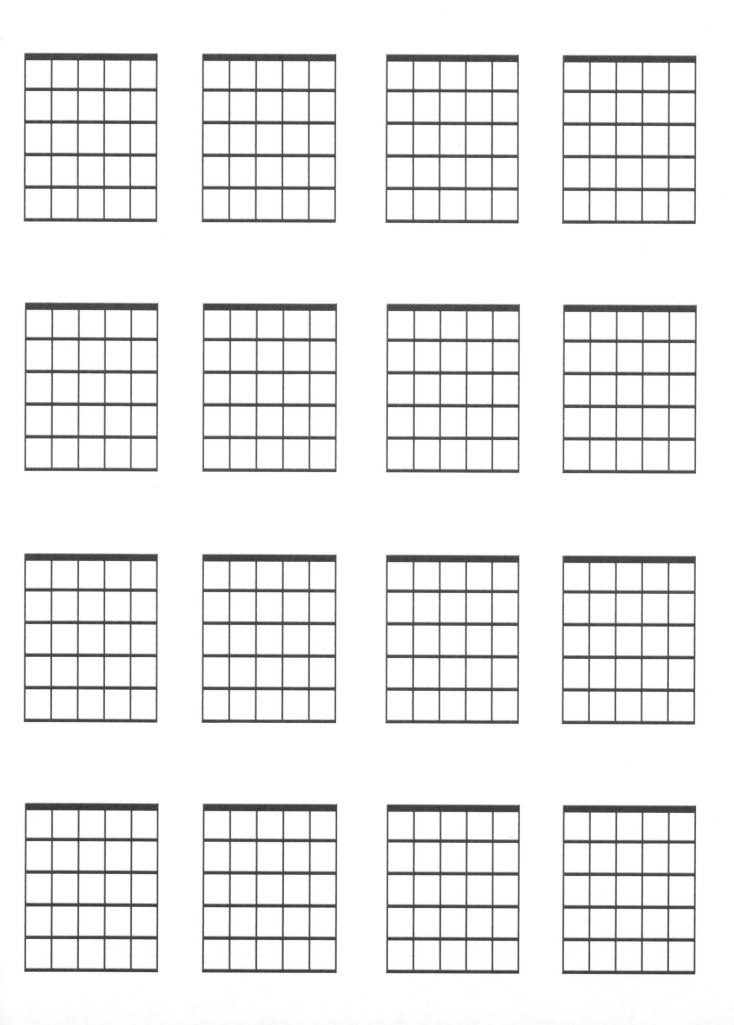

TAB

TAB

TAB

TAB

TAB

TAB

TAB

TAB

TAB

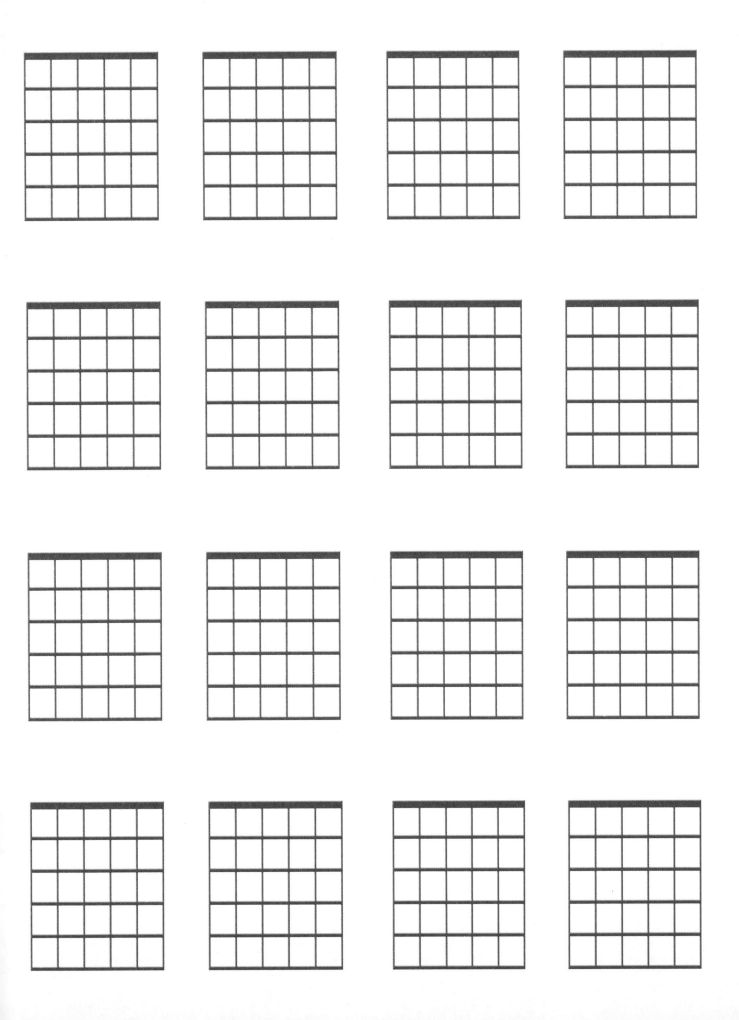

```
T
A
B

T
A
B

T
A
B

T
A
B

T
A
B

T
A
B

T
A
B

T
A
B

T
A
B
```

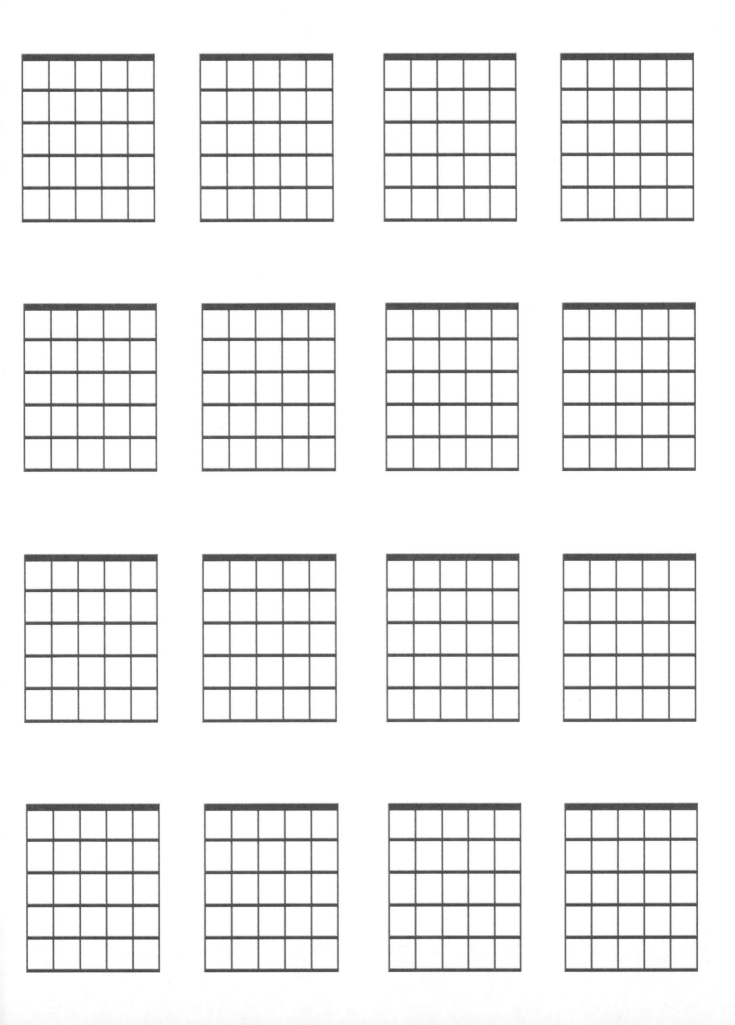

```
T
A
B
```

```
T
A
B
```

```
T
A
B
```

```
T
A
B
```

```
T
A
B
```

```
T
A
B
```

```
T
A
B
```

```
T
A
B
```

```
T
A
B
```

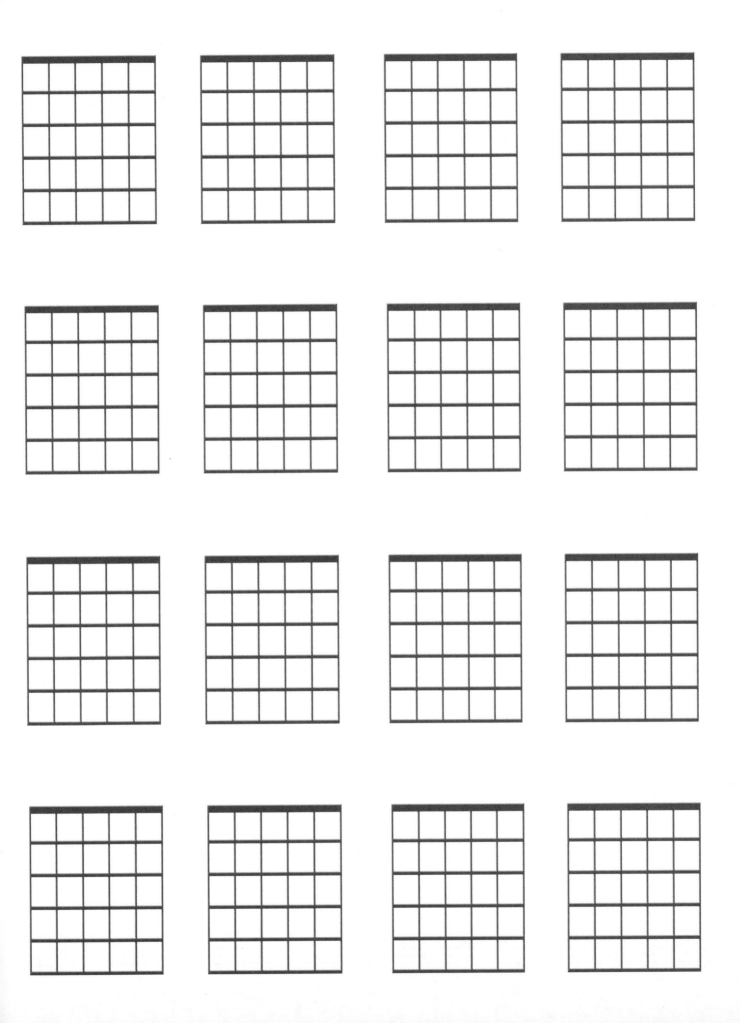

```
T
A
B

T
A
B

T
A
B

T
A
B

T
A
B

T
A
B

T
A
B

T
A
B

T
A
B
```

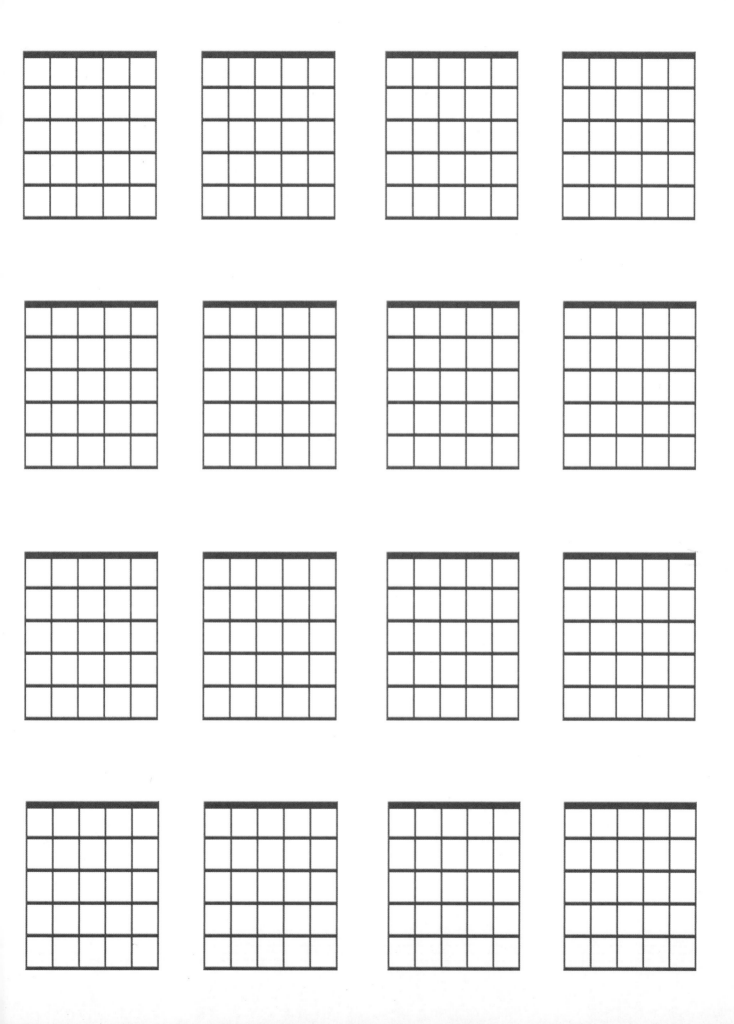

```
T
A
B
```

```
T
A
B
```

```
T
A
B
```

```
T
A
B
```

```
T
A
B
```

```
T
A
B
```

```
T
A
B
```

```
T
A
B
```

```
T
A
B
```

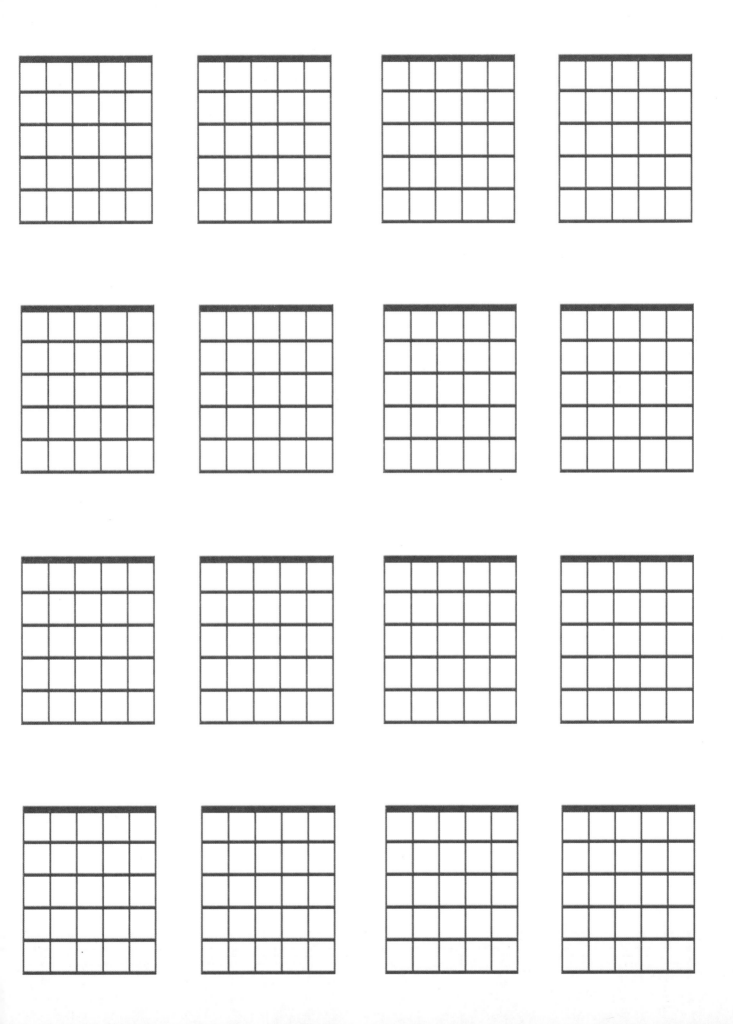

```
T
A
B


T
A
B


T
A
B


T
A
B


T
A
B


T
A
B


T
A
B


T
A
B


T
A
B
```

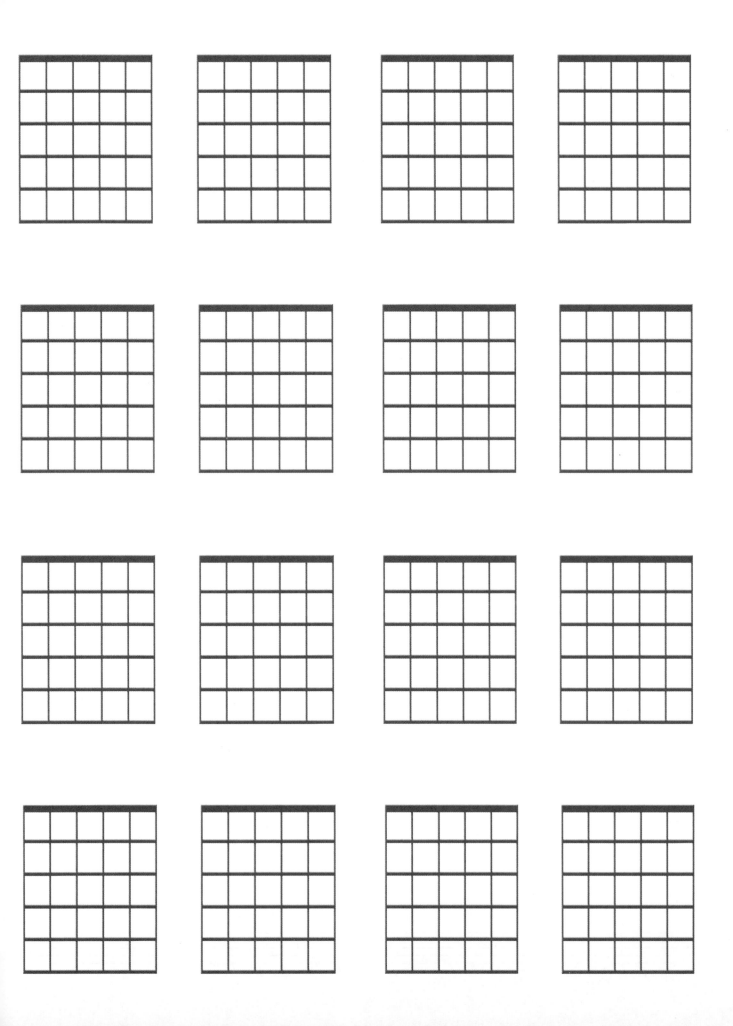

```
T
A
B


T
A
B


T
A
B


T
A
B


T
A
B


T
A
B


T
A
B


T
A
B


T
A
B
```

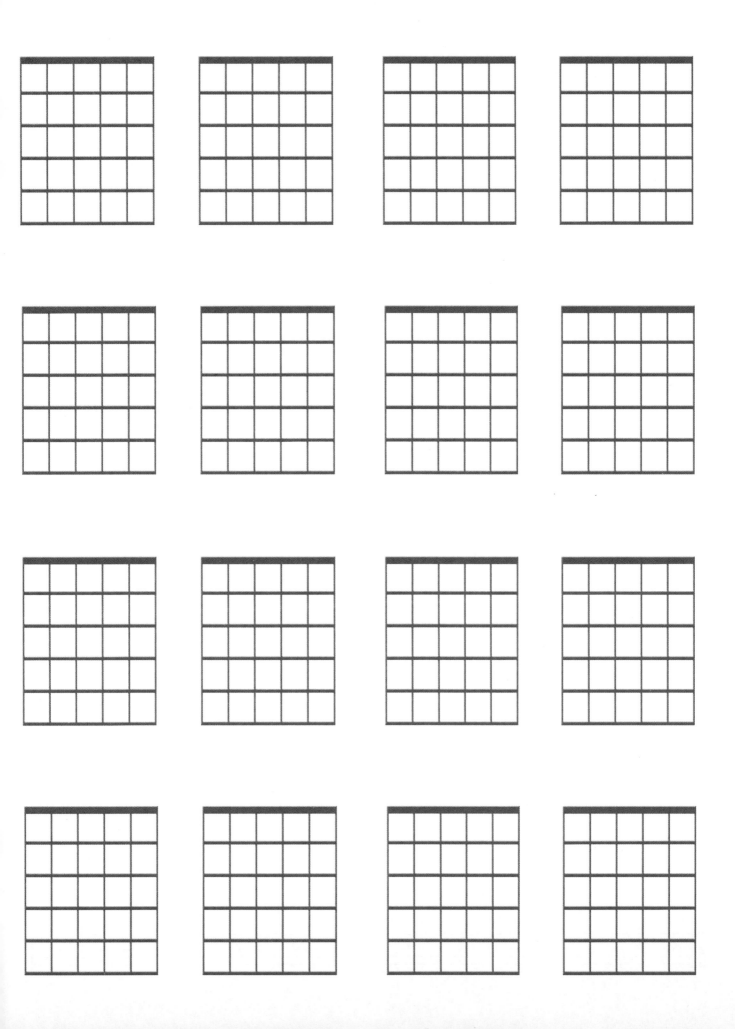

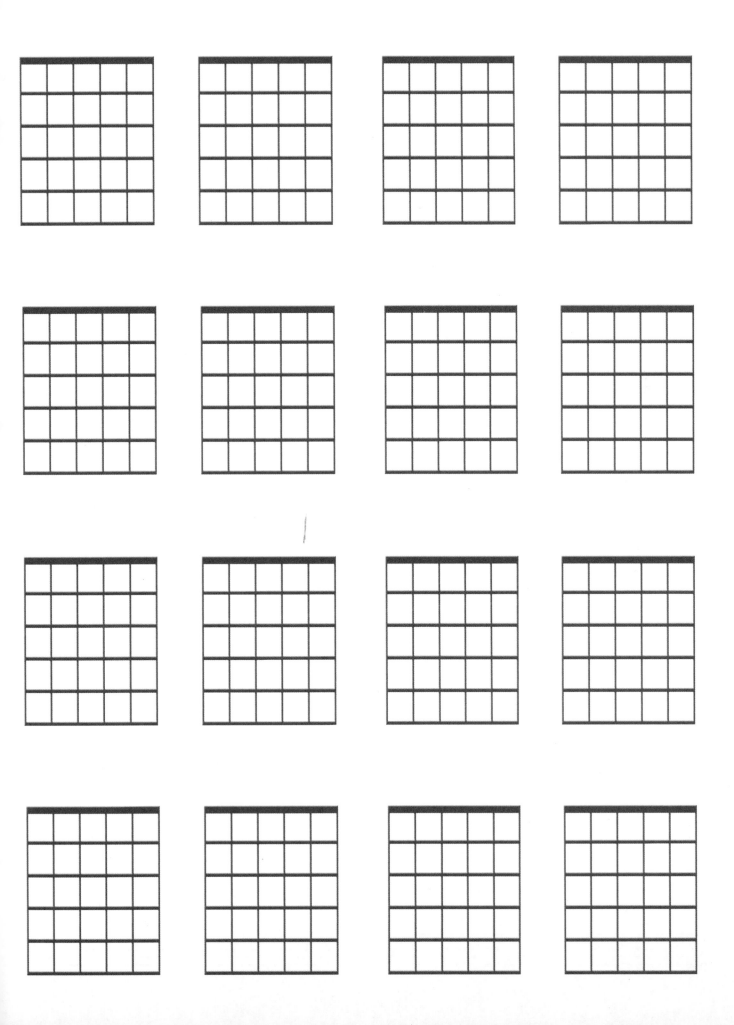

T
A
B

T
A
B

T
A
B

T
A
B

T
A
B

T
A
B

T
A
B

T
A
B

T
A
B

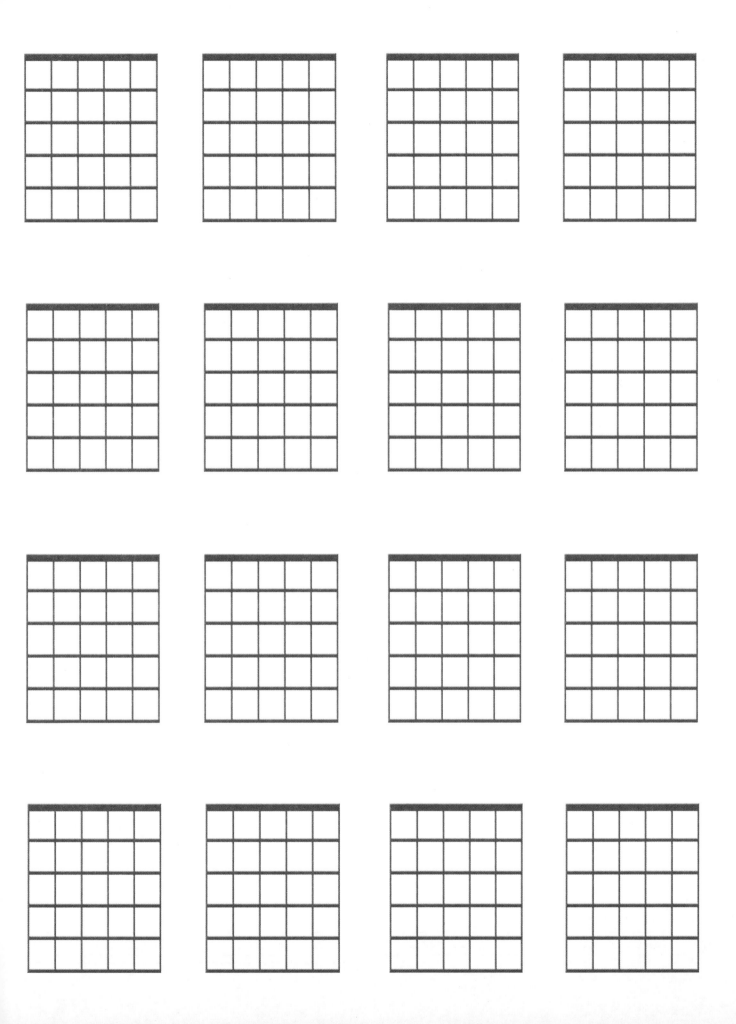

TAB

TAB

TAB

TAB

TAB

TAB

TAB

TAB

TAB

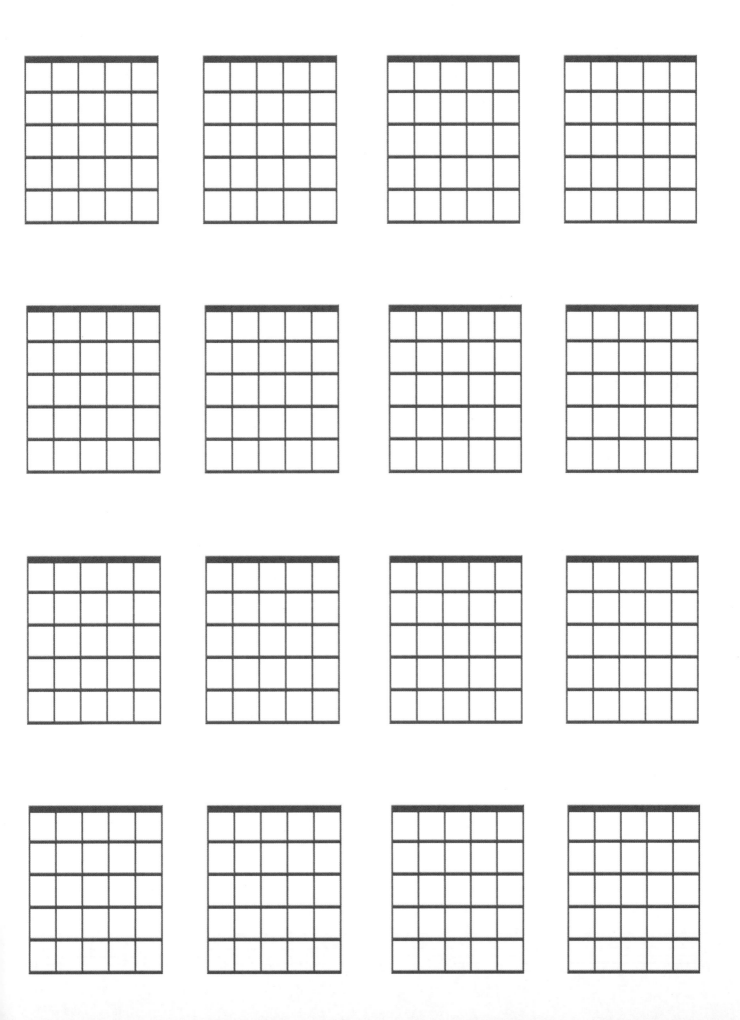

T
A
B

T
A
B

T
A
B

T
A
B

T
A
B

T
A
B

T
A
B

T
A
B

T
A
B

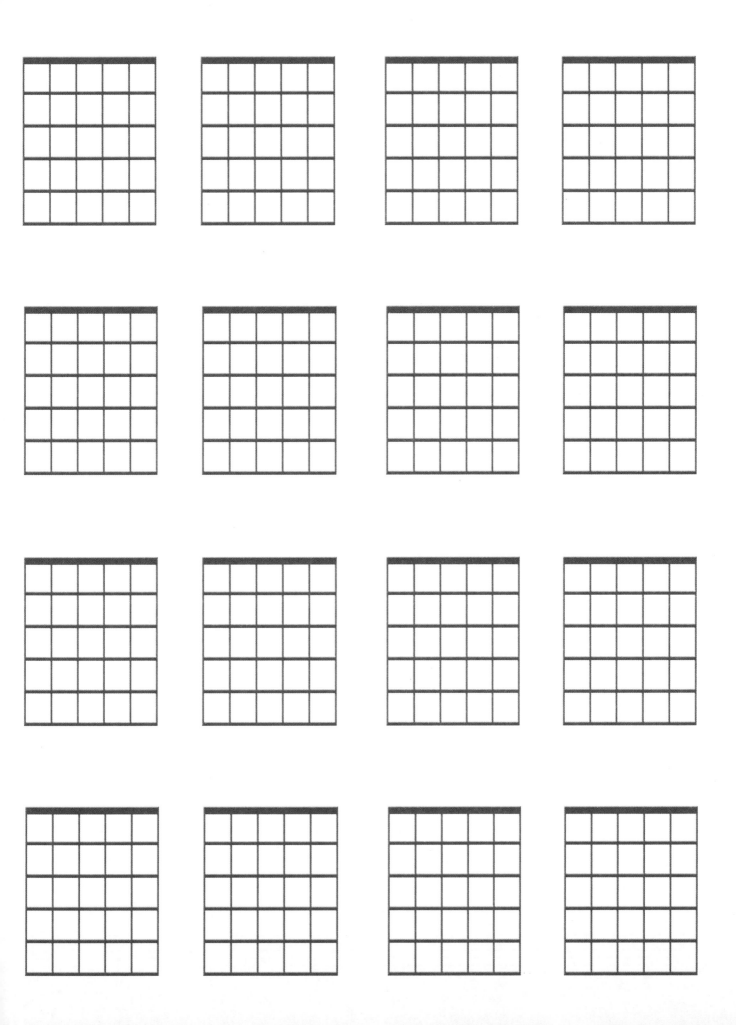

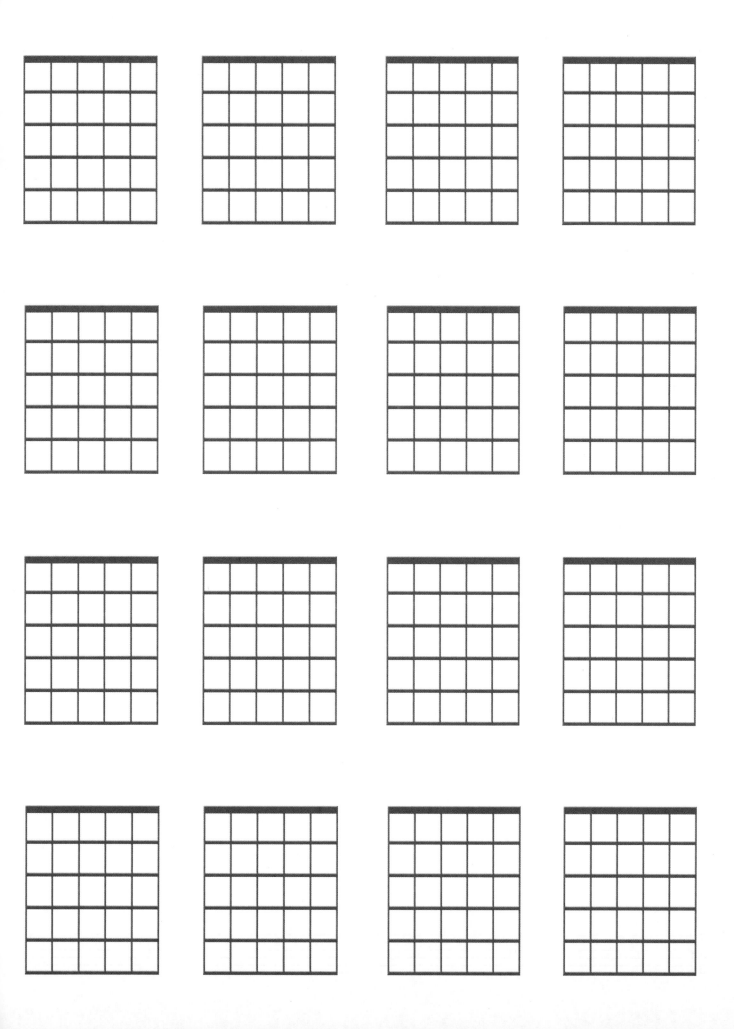

TAB

TAB

TAB

TAB

TAB

TAB

TAB

TAB

TAB

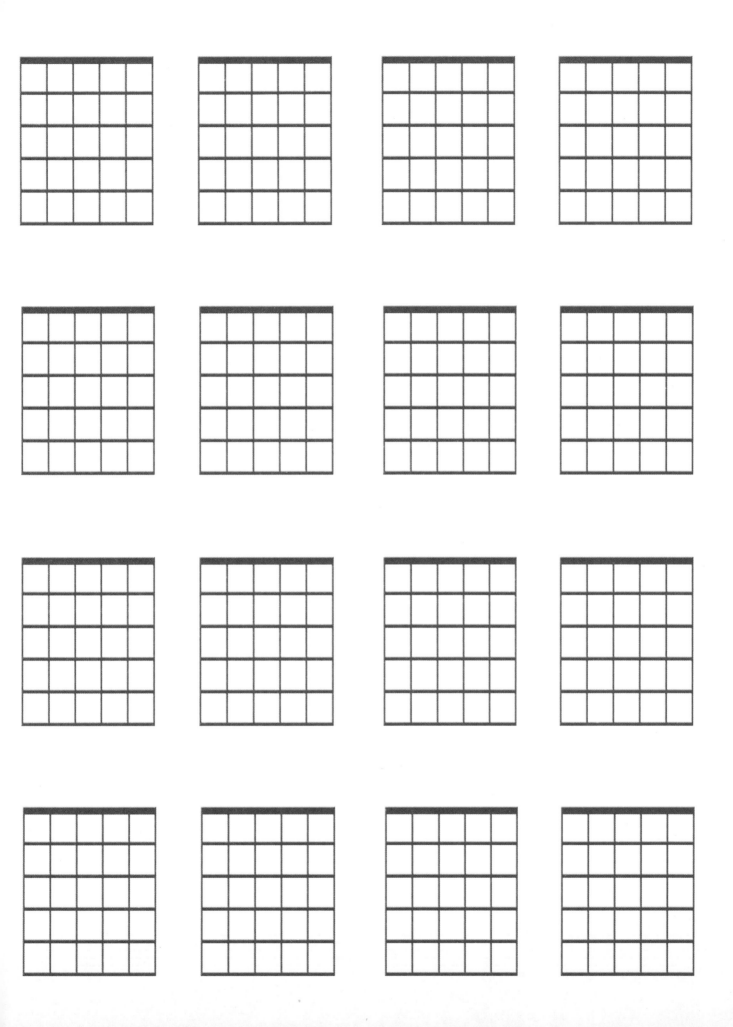

T
A
B

T
A
B

T
A
B

T
A
B

T
A
B

T
A
B

T
A
B

T
A
B

T
A
B

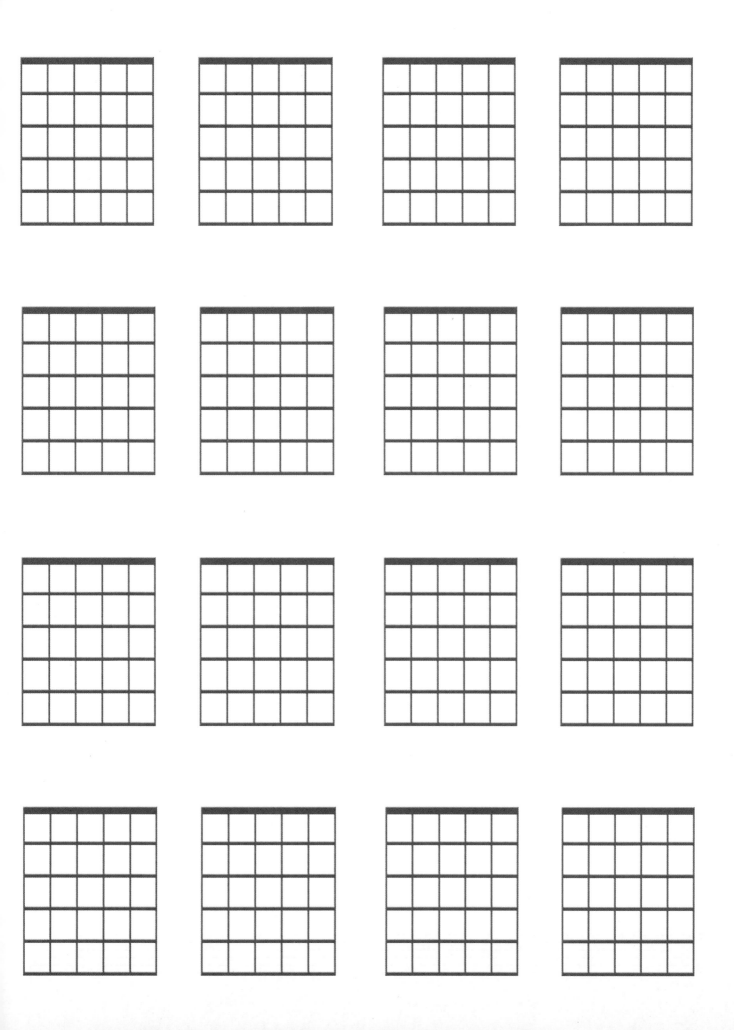

```
T
A
B
```

```
T
A
B
```

```
T
A
B
```

```
T
A
B
```

```
T
A
B
```

```
T
A
B
```

```
T
A
B
```

```
T
A
B
```

```
T
A
B
```

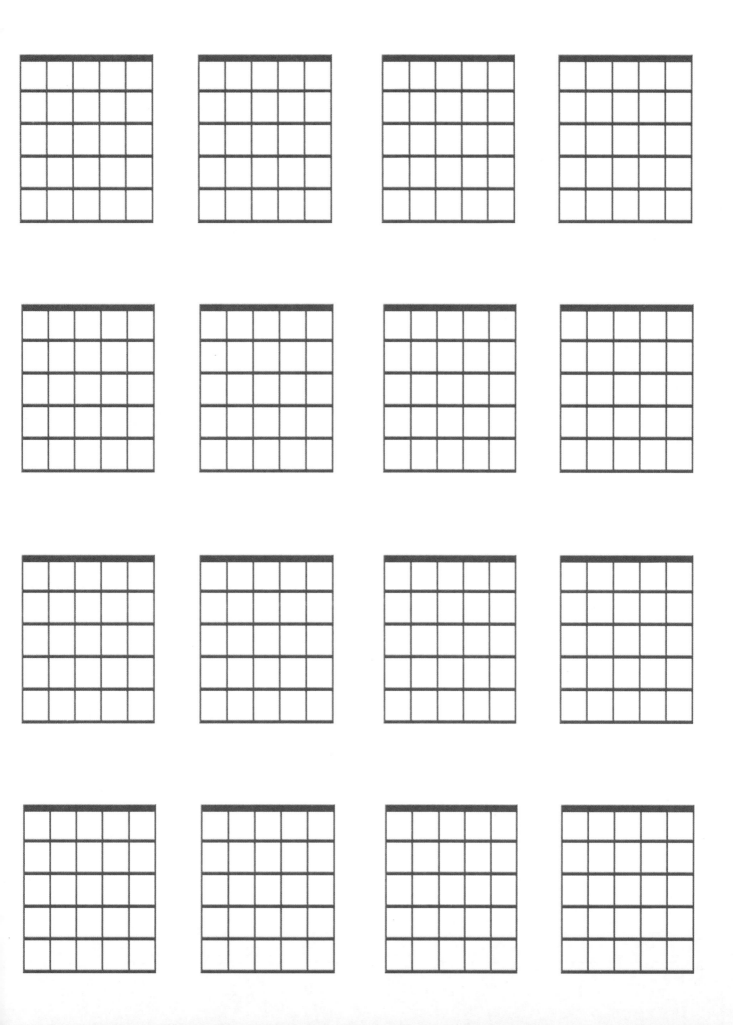

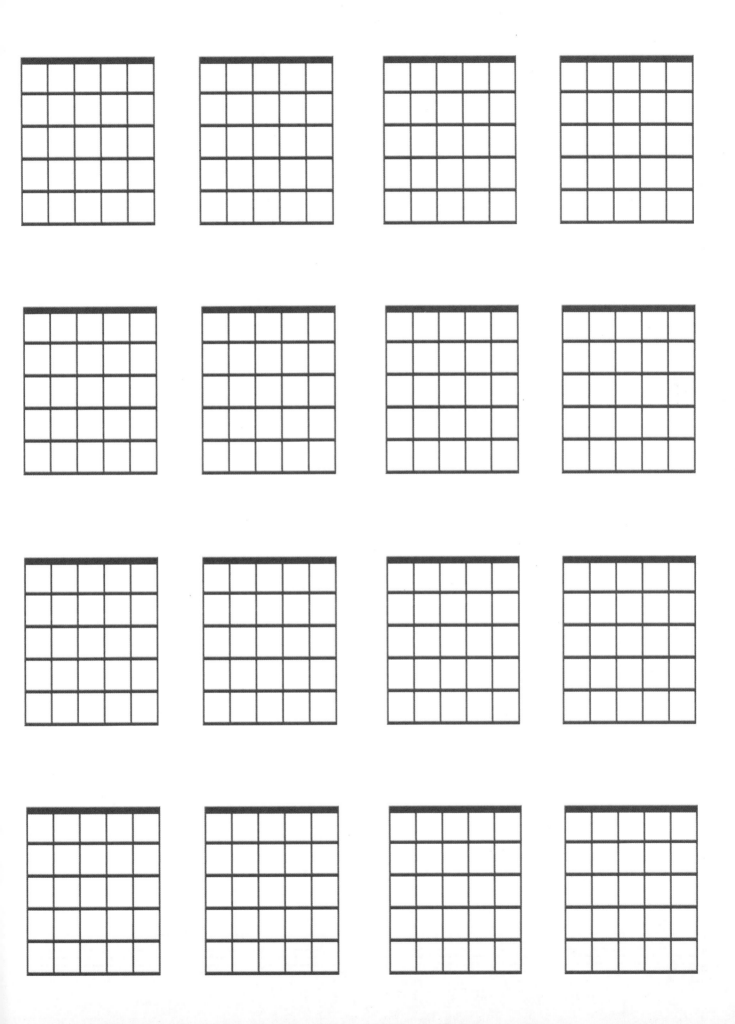

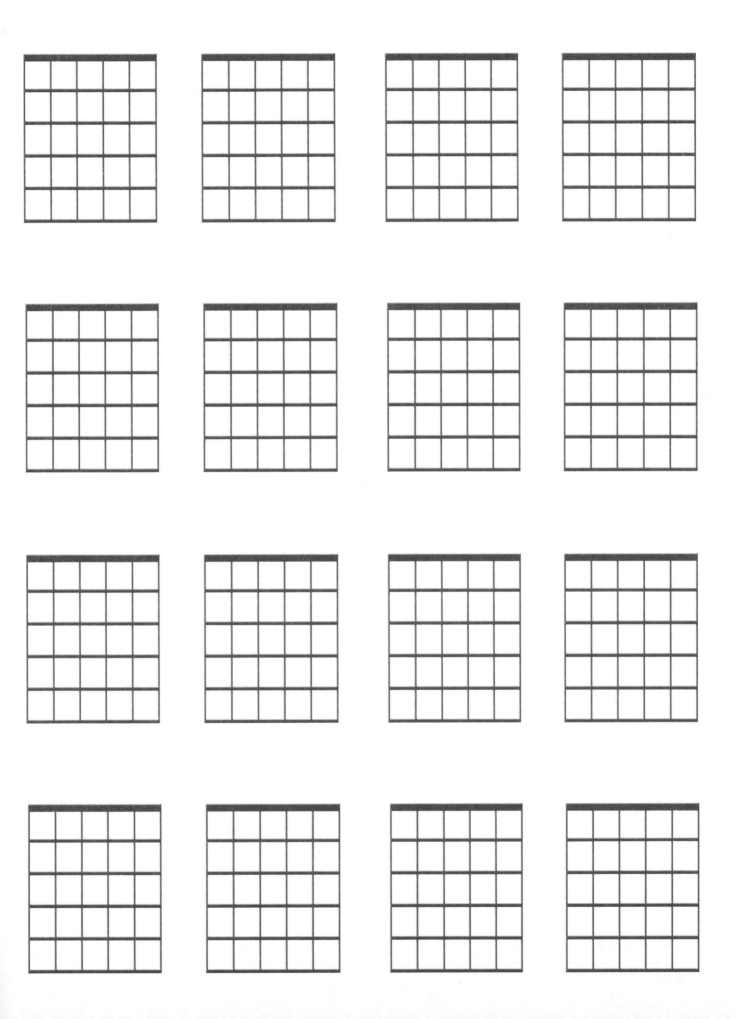

```
T
A
B

T
A
B

T
A
B

T
A
B

T
A
B

T
A
B

T
A
B

T
A
B

T
A
B
```

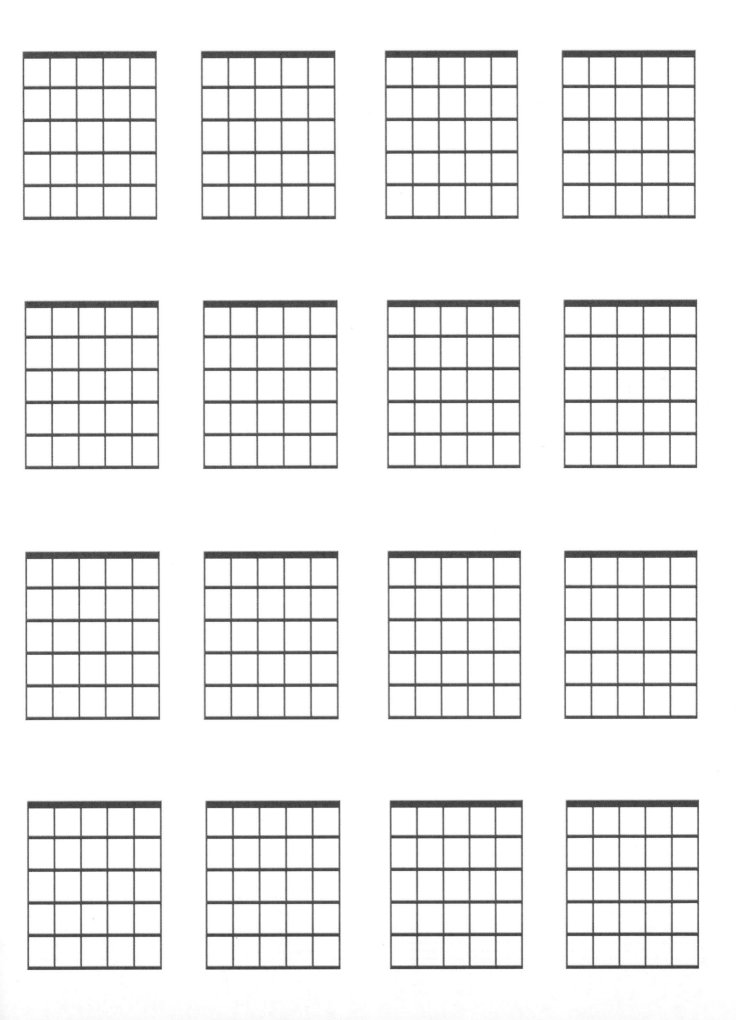

```
T ─────────────────────────────────────────
A ─────────────────────────────────────────
B ─────────────────────────────────────────

T ─────────────────────────────────────────
A ─────────────────────────────────────────
B ─────────────────────────────────────────

T ─────────────────────────────────────────
A ─────────────────────────────────────────
B ─────────────────────────────────────────

T ─────────────────────────────────────────
A ─────────────────────────────────────────
B ─────────────────────────────────────────

T ─────────────────────────────────────────
A ─────────────────────────────────────────
B ─────────────────────────────────────────

T ─────────────────────────────────────────
A ─────────────────────────────────────────
B ─────────────────────────────────────────

T ─────────────────────────────────────────
A ─────────────────────────────────────────
B ─────────────────────────────────────────

T ─────────────────────────────────────────
A ─────────────────────────────────────────
B ─────────────────────────────────────────

T ─────────────────────────────────────────
A ─────────────────────────────────────────
B ─────────────────────────────────────────
```

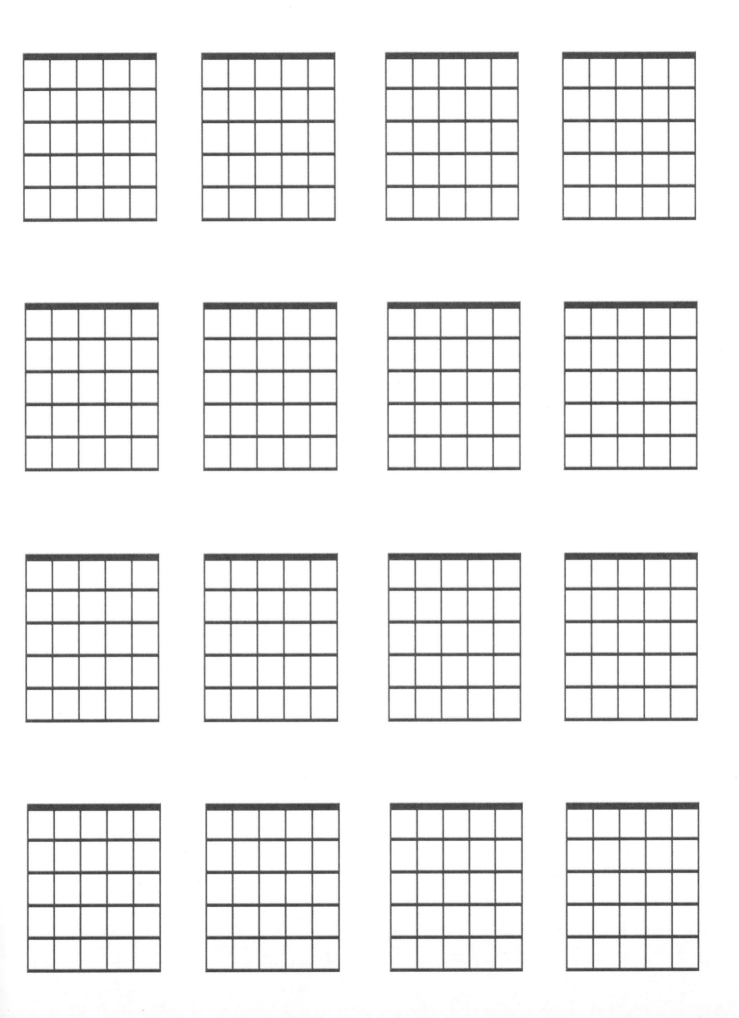

```
T
A
B

T
A
B

T
A
B

T
A
B

T
A
B

T
A
B

T
A
B

T
A
B

T
A
B
```

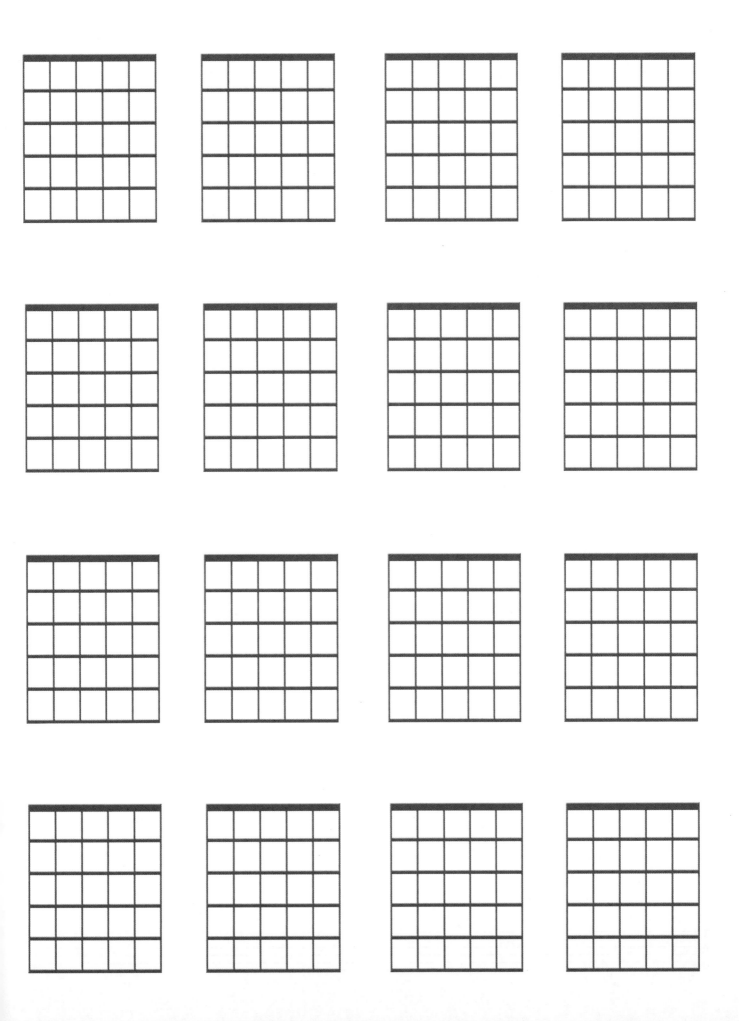

```
T
A
B

T
A
B

T
A
B

T
A
B

T
A
B

T
A
B

T
A
B

T
A
B

T
A
B
```

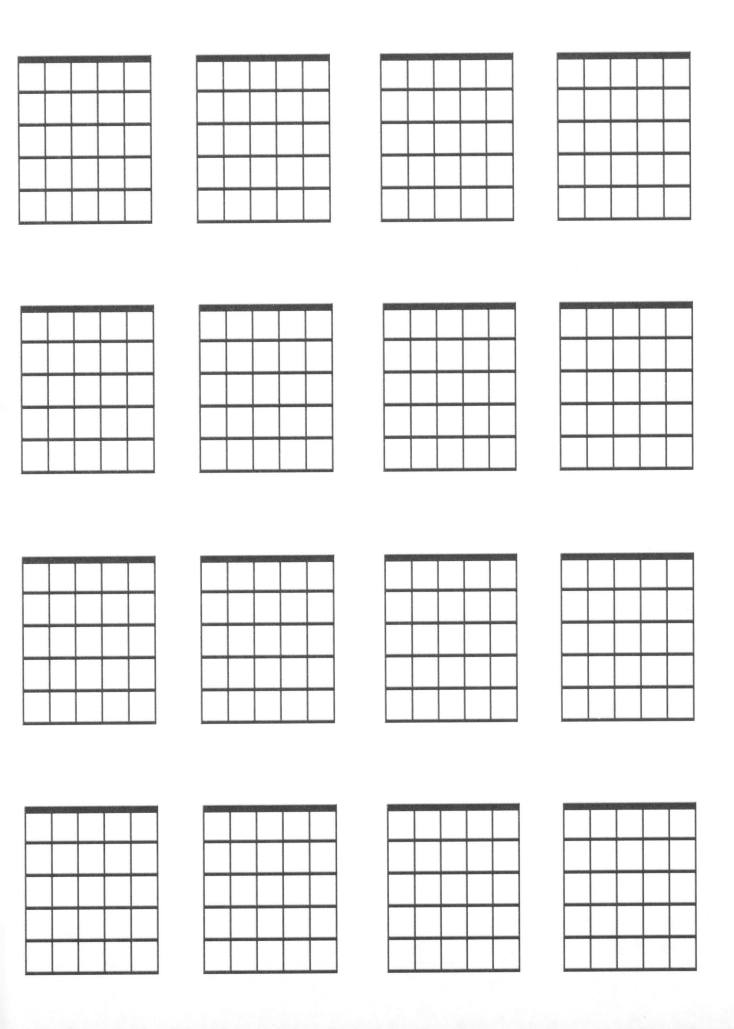

T
A
B

T
A
B

T
A
B

T
A
B

T
A
B

T
A
B

T
A
B

T
A
B

T
A
B

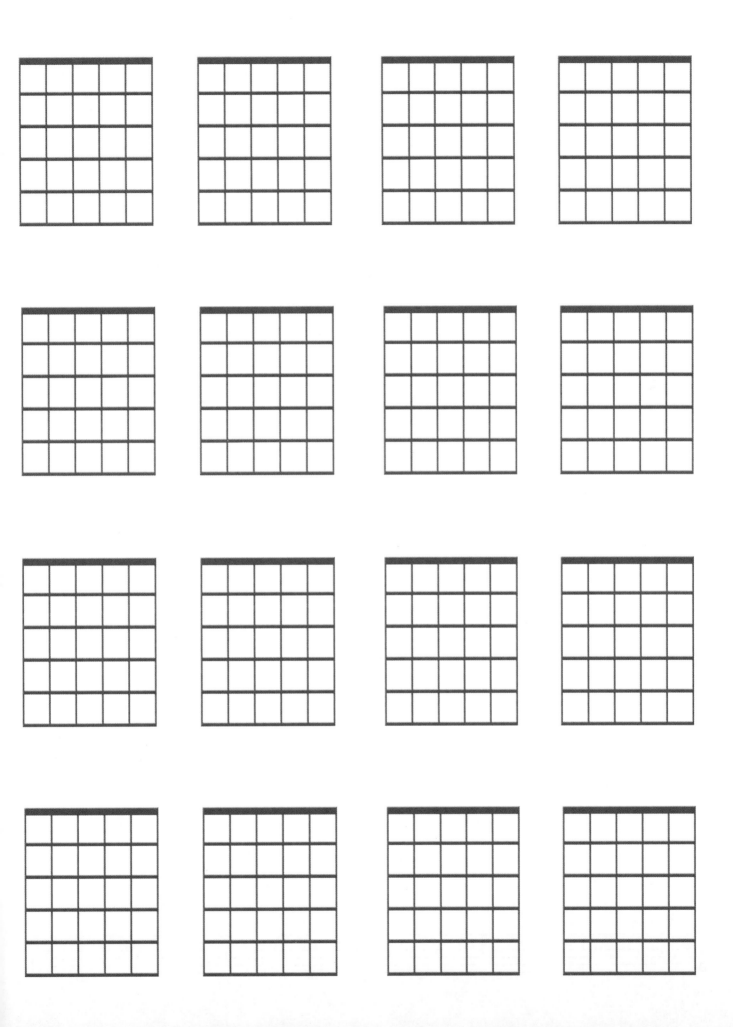

```
T
A
B


T
A
B


T
A
B


T
A
B


T
A
B


T
A
B


T
A
B


T
A
B


T
A
B
```

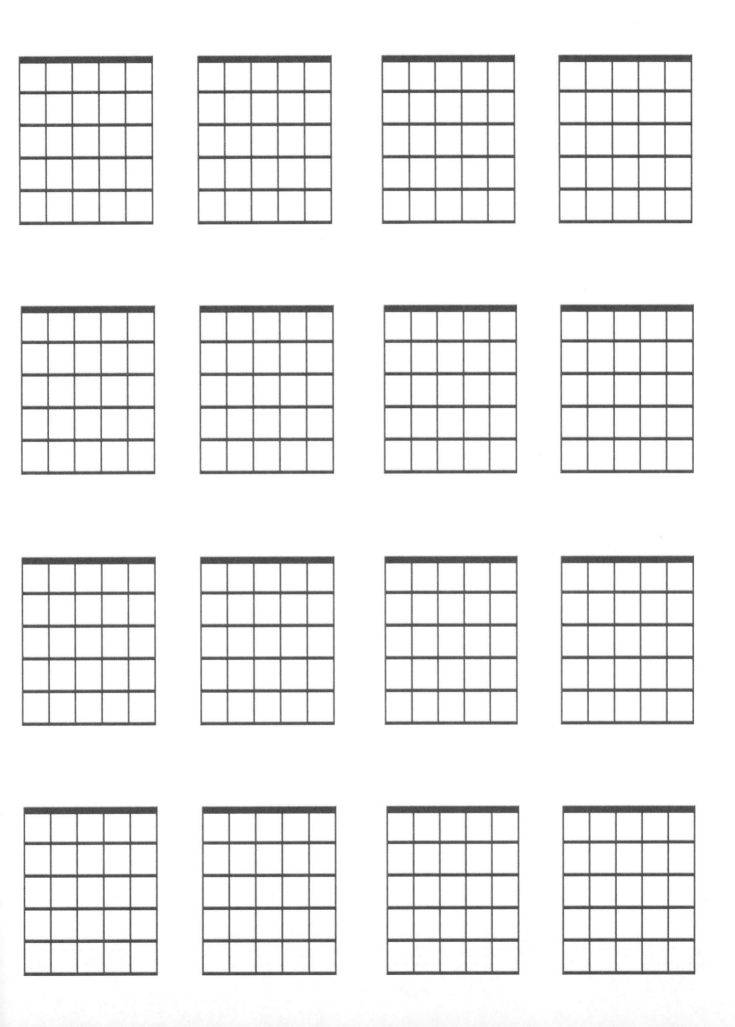

```
T
A
B

T
A
B

T
A
B

T
A
B

T
A
B

T
A
B

T
A
B

T
A
B

T
A
B
```

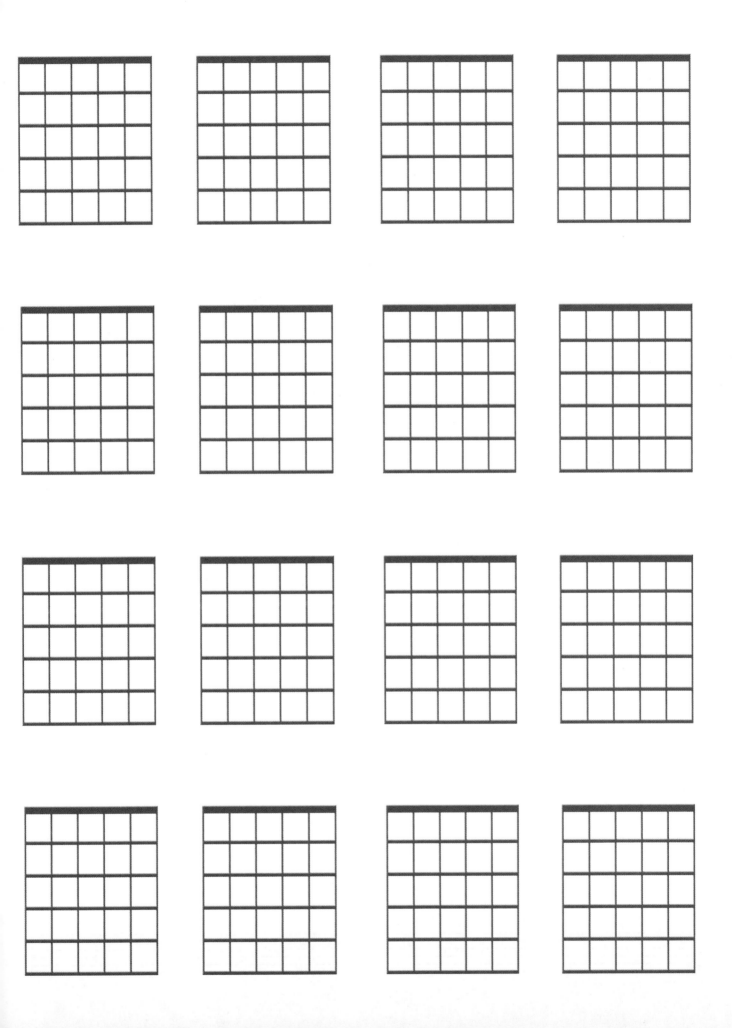

```
T
A
B
```

```
T
A
B
```

```
T
A
B
```

```
T
A
B
```

```
T
A
B
```

```
T
A
B
```

```
T
A
B
```

```
T
A
B
```

```
T
A
B
```

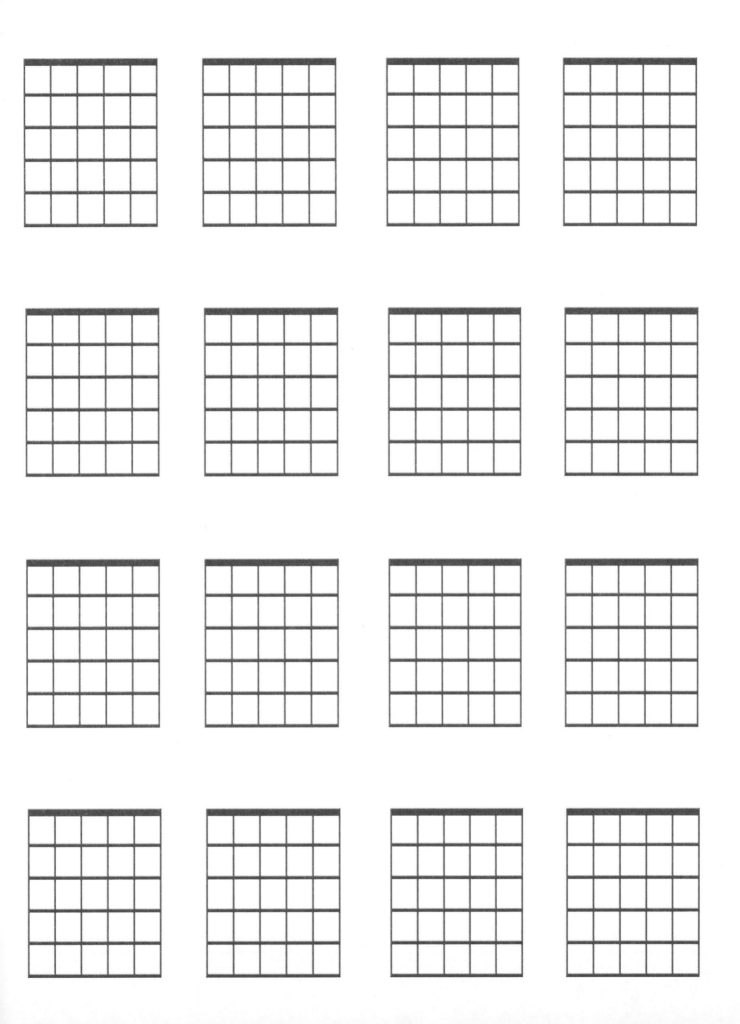

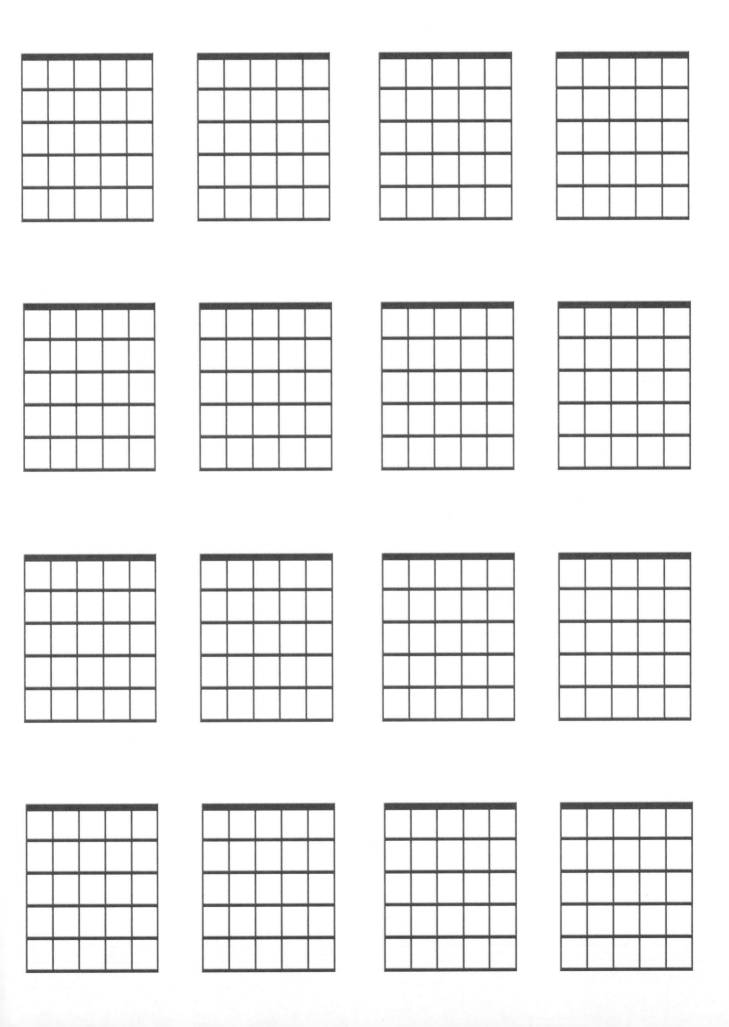

TAB

TAB

TAB

TAB

TAB

TAB

TAB

TAB

TAB

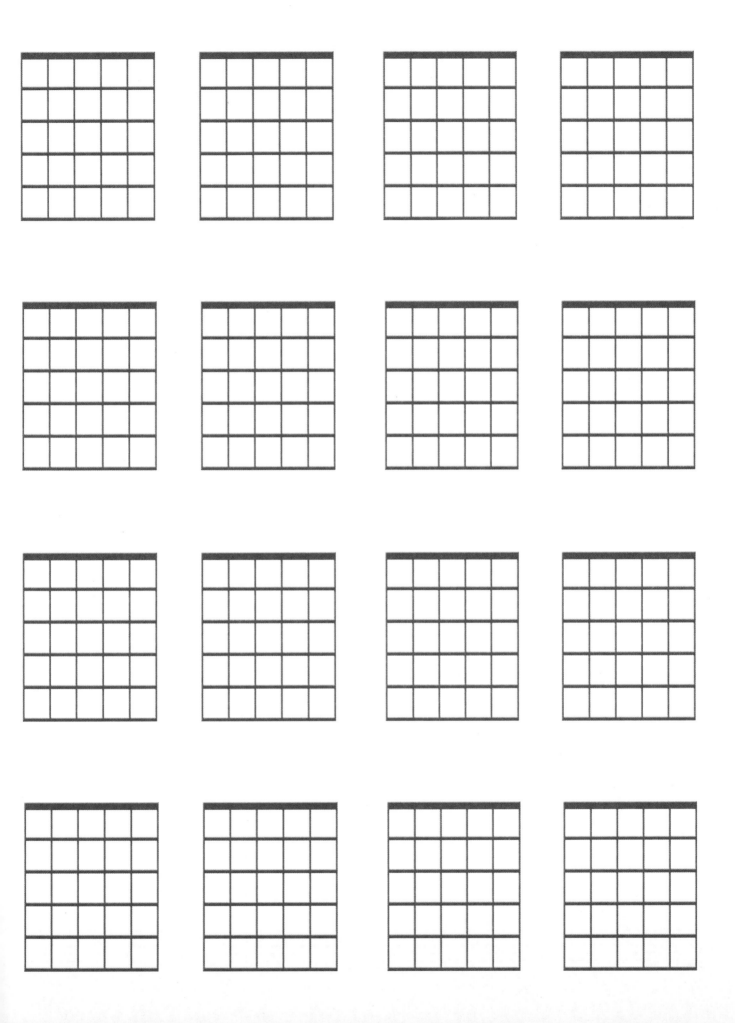

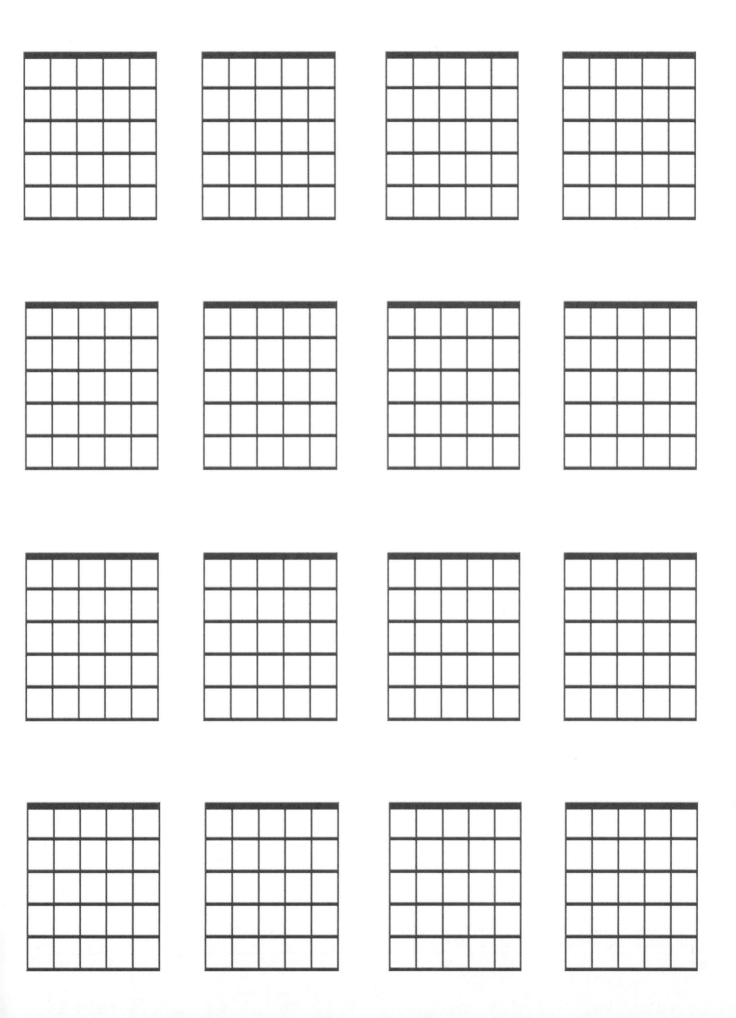

```
T
A
B

T
A
B

T
A
B

T
A
B

T
A
B

T
A
B

T
A
B

T
A
B

T
A
B
```

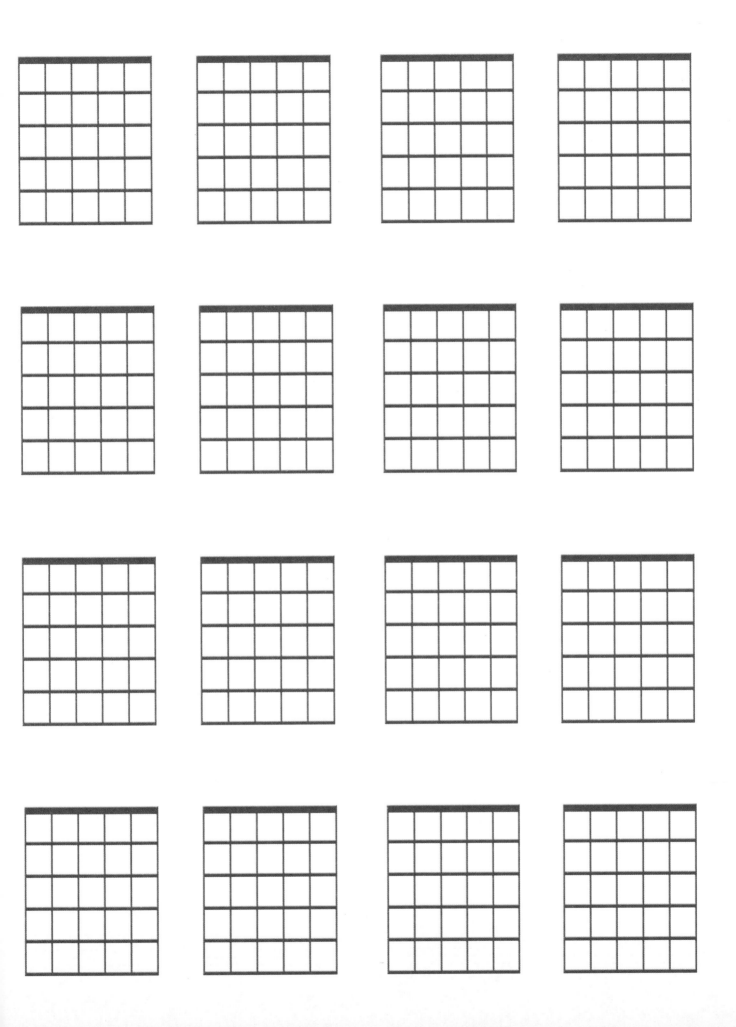

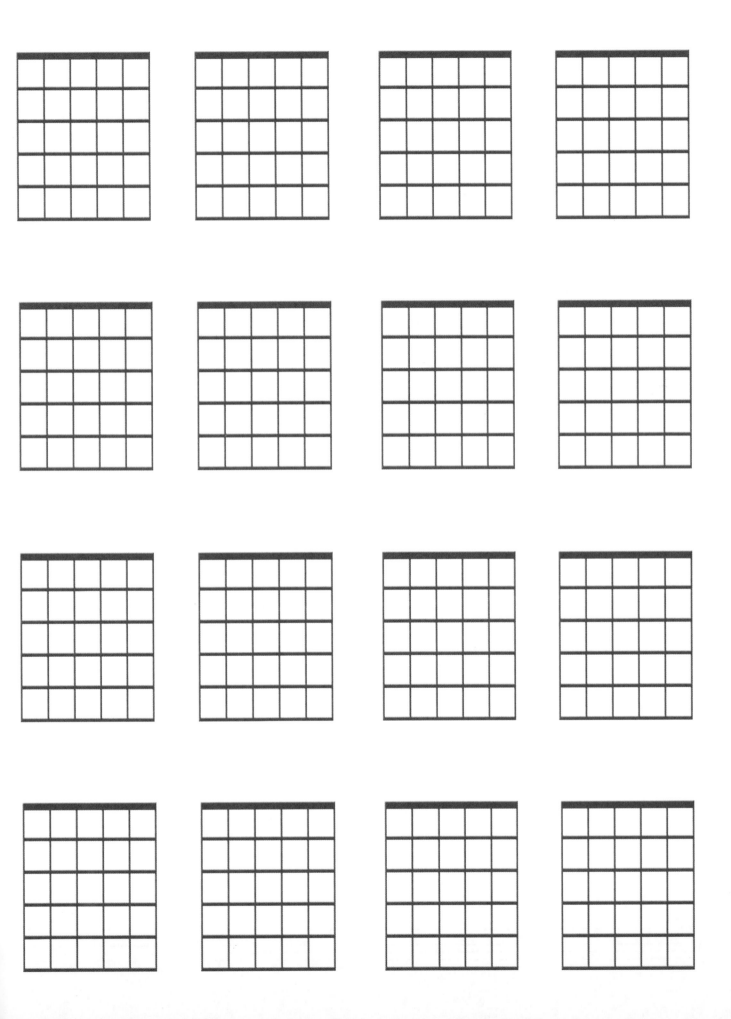

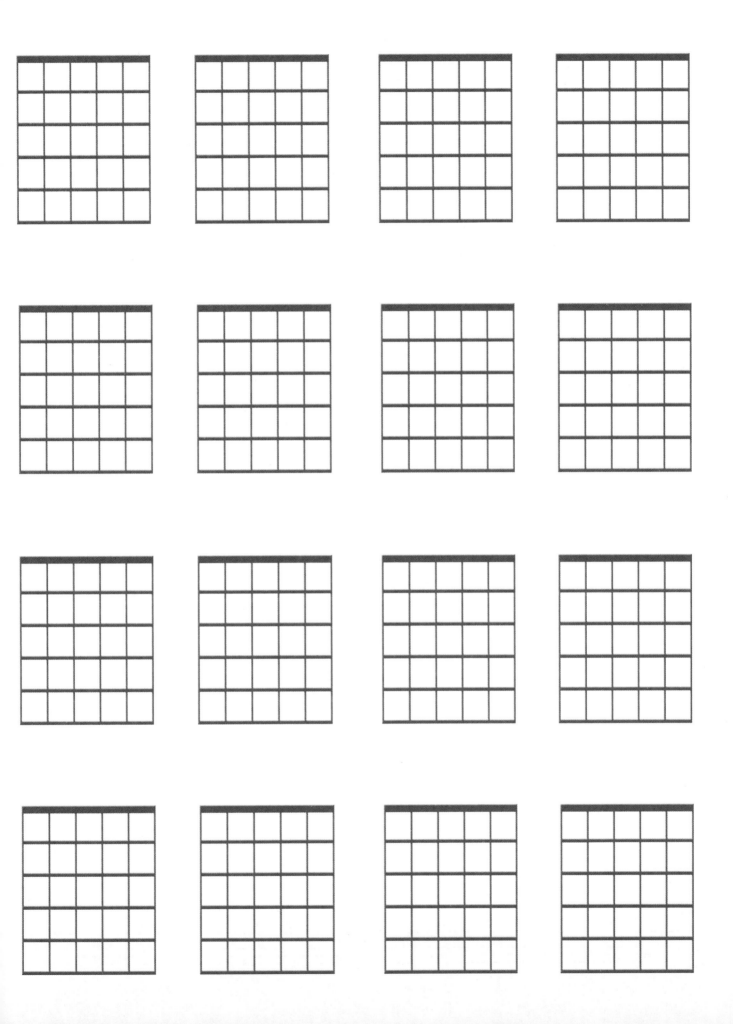

T
A
B

T
A
B

T
A
B

T
A
B

T
A
B

T
A
B

T
A
B

T
A
B

T
A
B

```
T
A
B


T
A
B


T
A
B


T
A
B


T
A
B


T
A
B


T
A
B


T
A
B


T
A
B
```

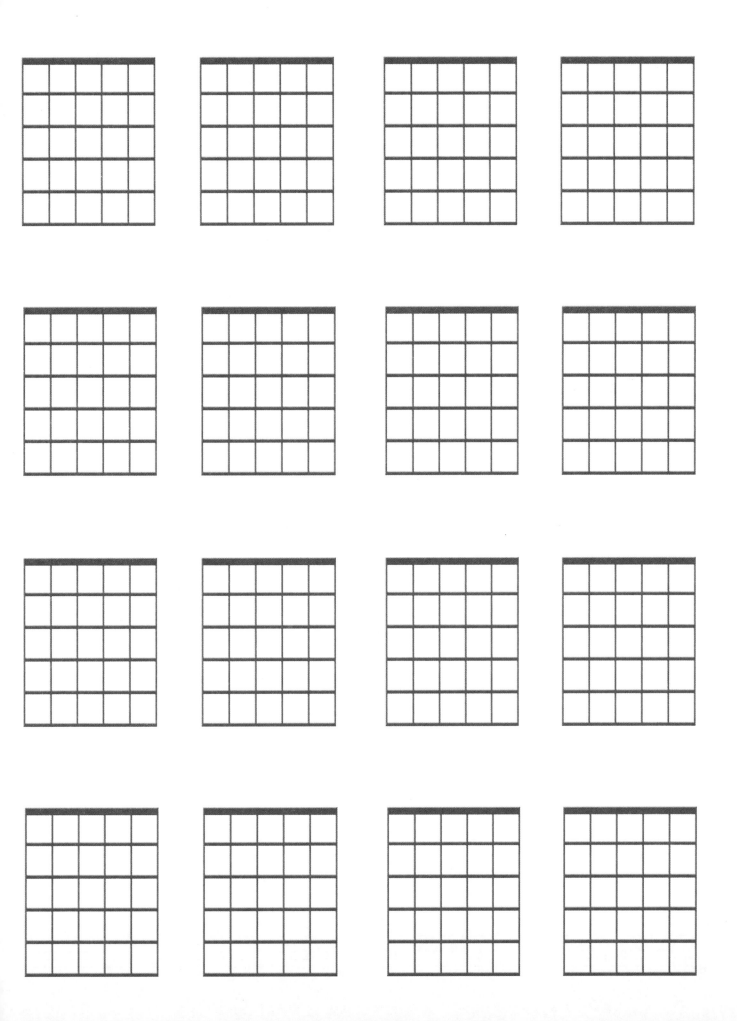

```
T
A
B


T
A
B


T
A
B


T
A
B


T
A
B


T
A
B


T
A
B


T
A
B


T
A
B
```

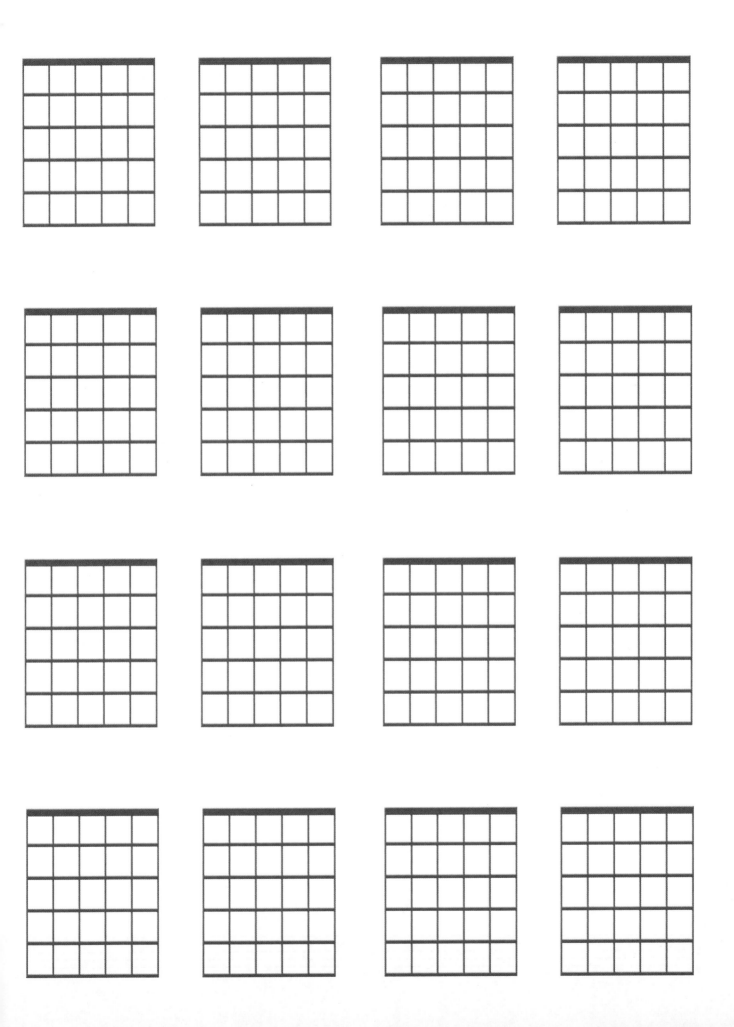

```
T
A
B
```

```
T
A
B
```

```
T
A
B
```

```
T
A
B
```

```
T
A
B
```

```
T
A
B
```

```
T
A
B
```

```
T
A
B
```

```
T
A
B
```

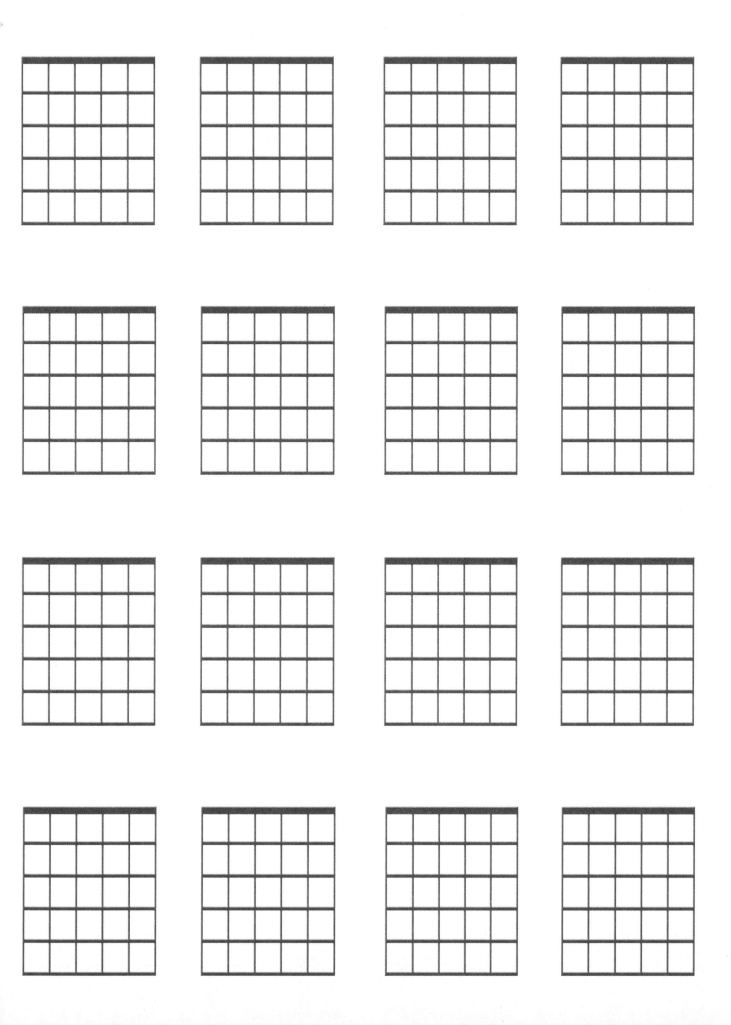

```
T
A
B


T
A
B


T
A
B


T
A
B


T
A
B


T
A
B


T
A
B


T
A
B


T
A
B
```

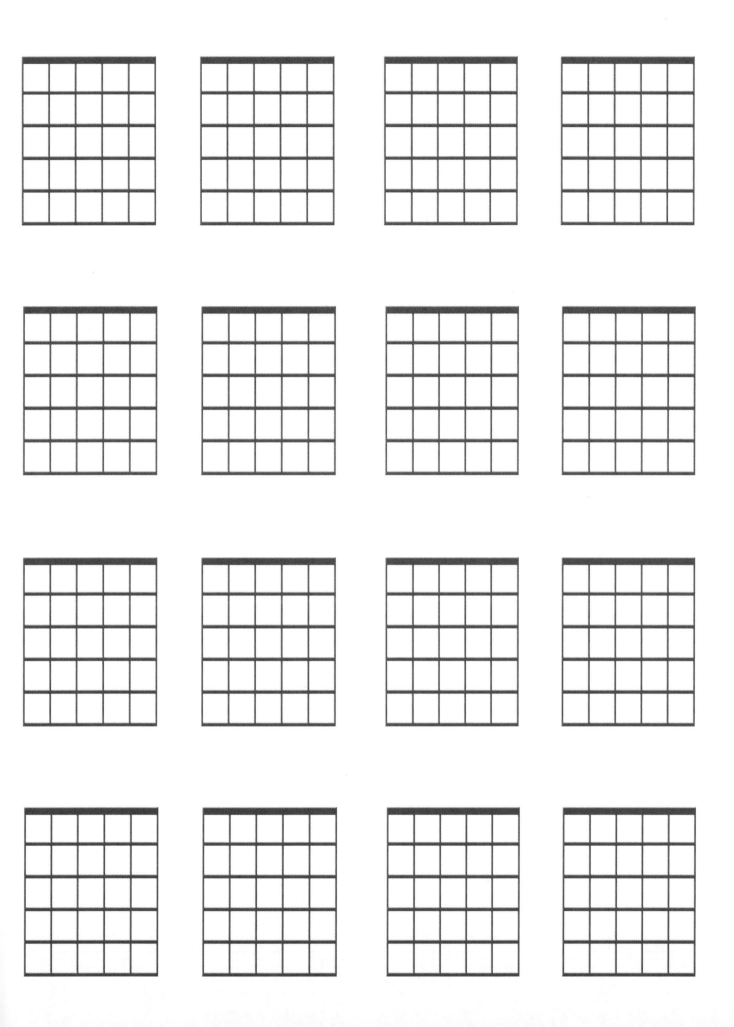

```
T
A
B
```

```
T
A
B
```

```
T
A
B
```

```
T
A
B
```

```
T
A
B
```

```
T
A
B
```

```
T
A
B
```

```
T
A
B
```

```
T
A
B
```

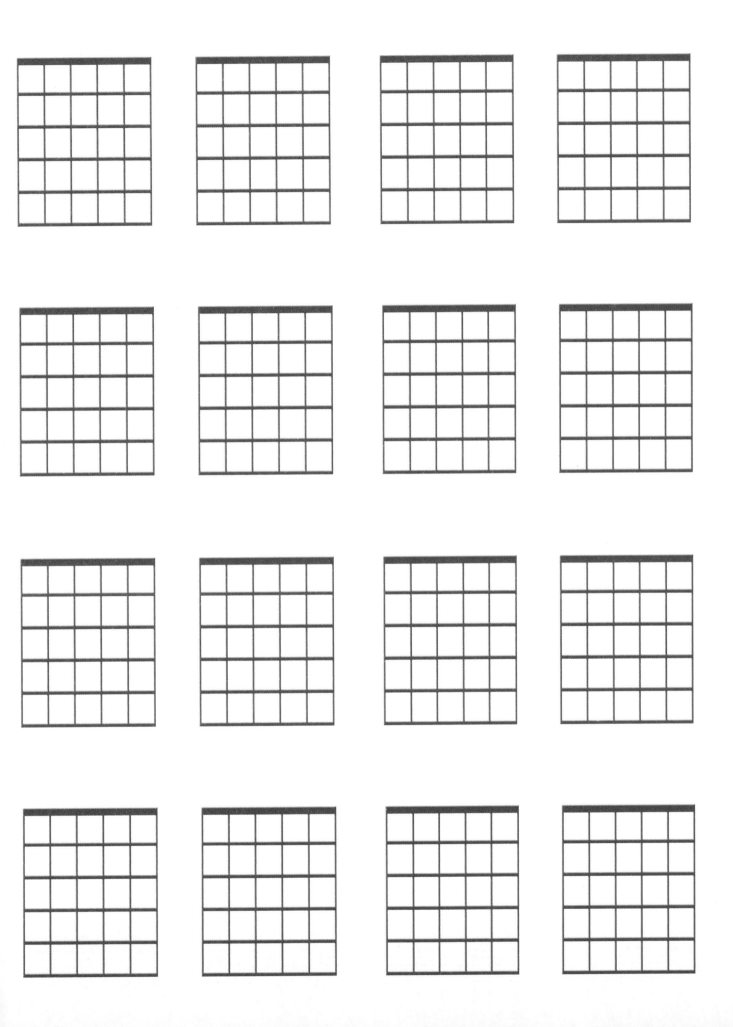

```
T
A
B


T
A
B


T
A
B


T
A
B


T
A
B


T
A
B


T
A
B


T
A
B


T
A
B
```

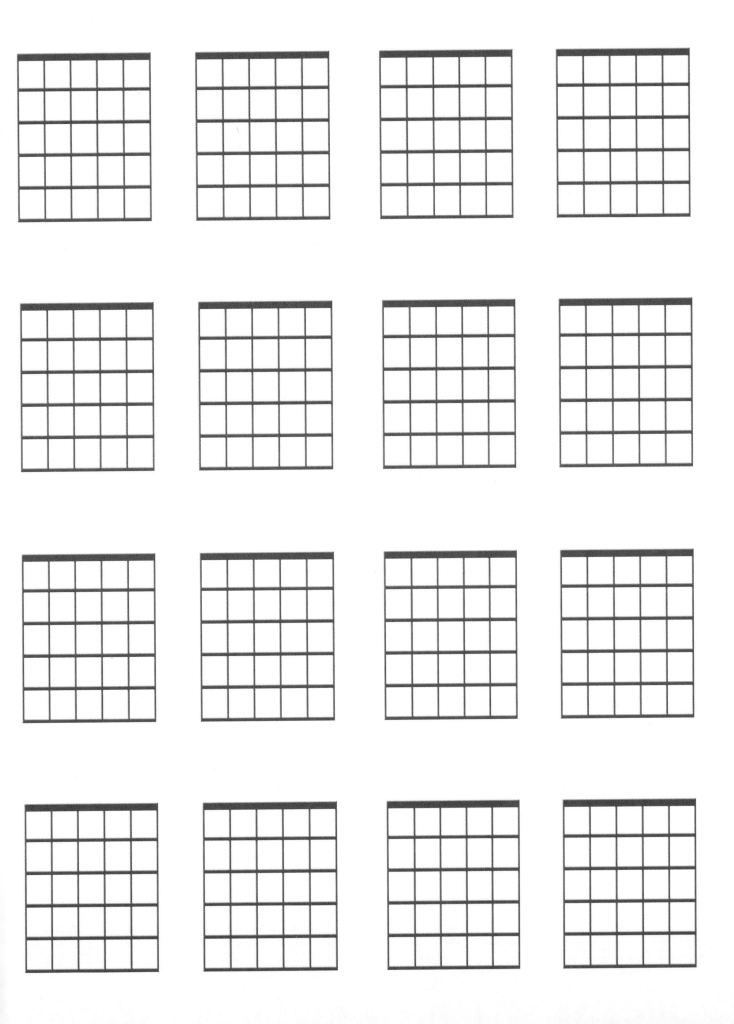

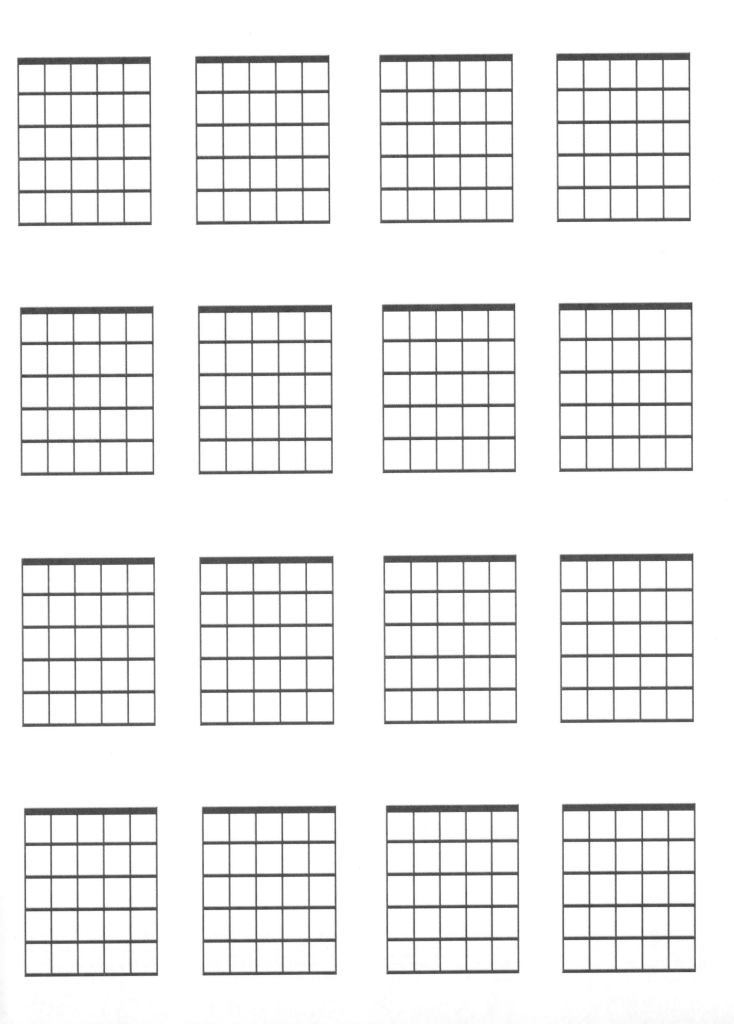

```
T
A
B
```

```
T
A
B
```

```
T
A
B
```

```
T
A
B
```

```
T
A
B
```

```
T
A
B
```

```
T
A
B
```

```
T
A
B
```

```
T
A
B
```

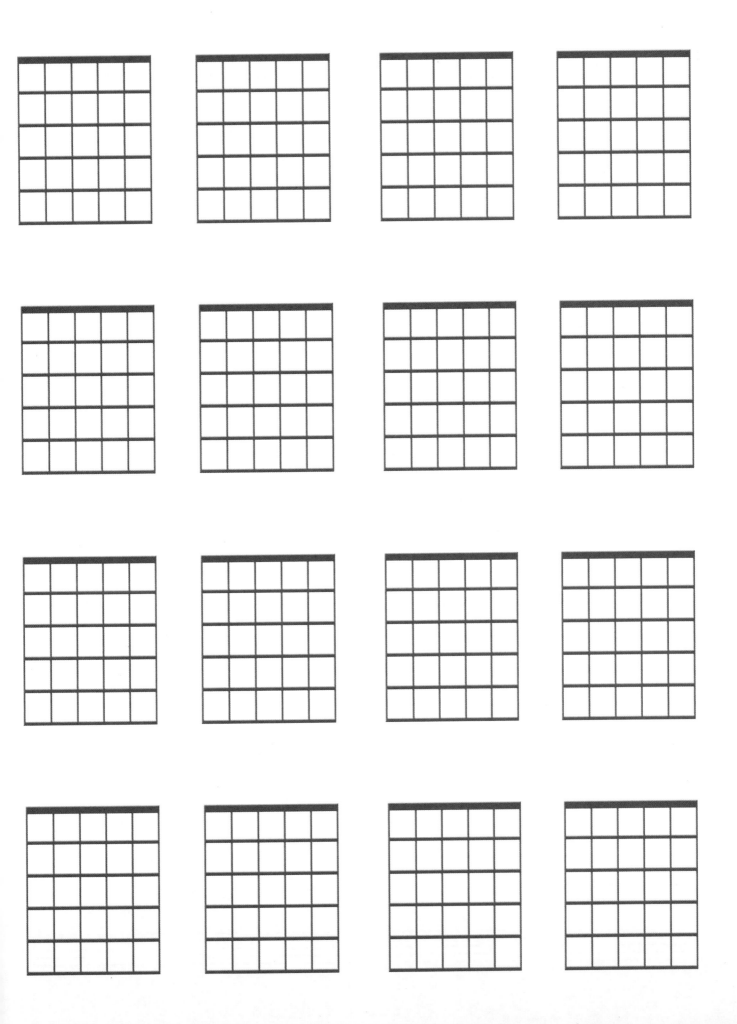

```
T
A
B


T
A
B


T
A
B


T
A
B


T
A
B


T
A
B


T
A
B


T
A
B


T
A
B
```

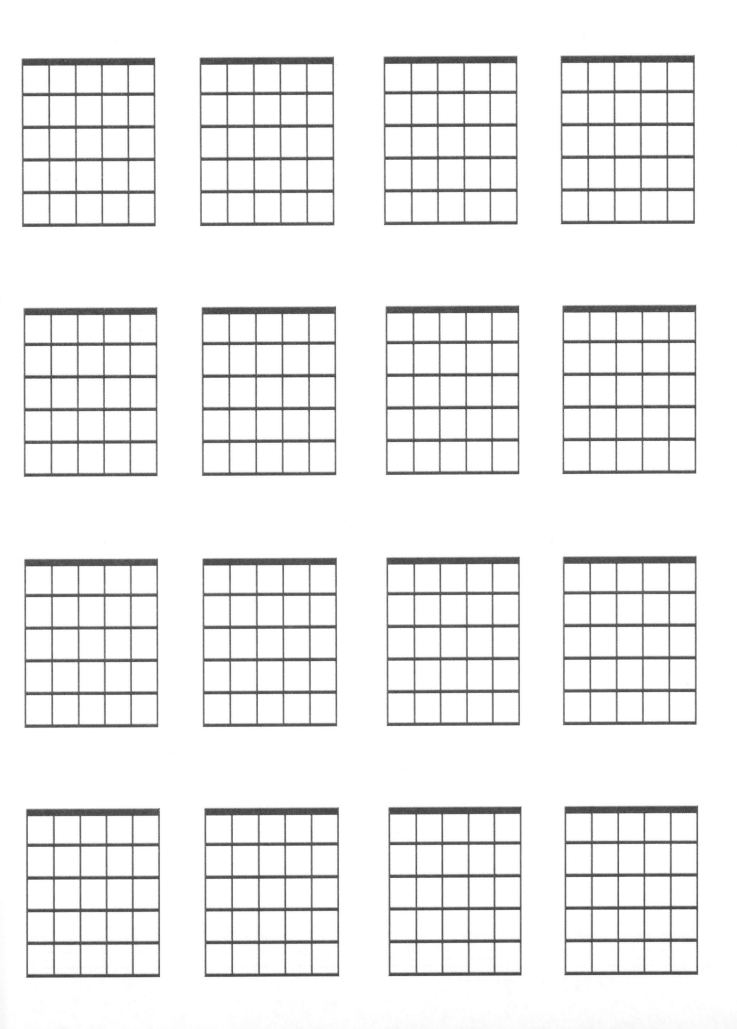

T
A
B

T
A
B

T
A
B

T
A
B

T
A
B

T
A
B

T
A
B

T
A
B

T
A
B

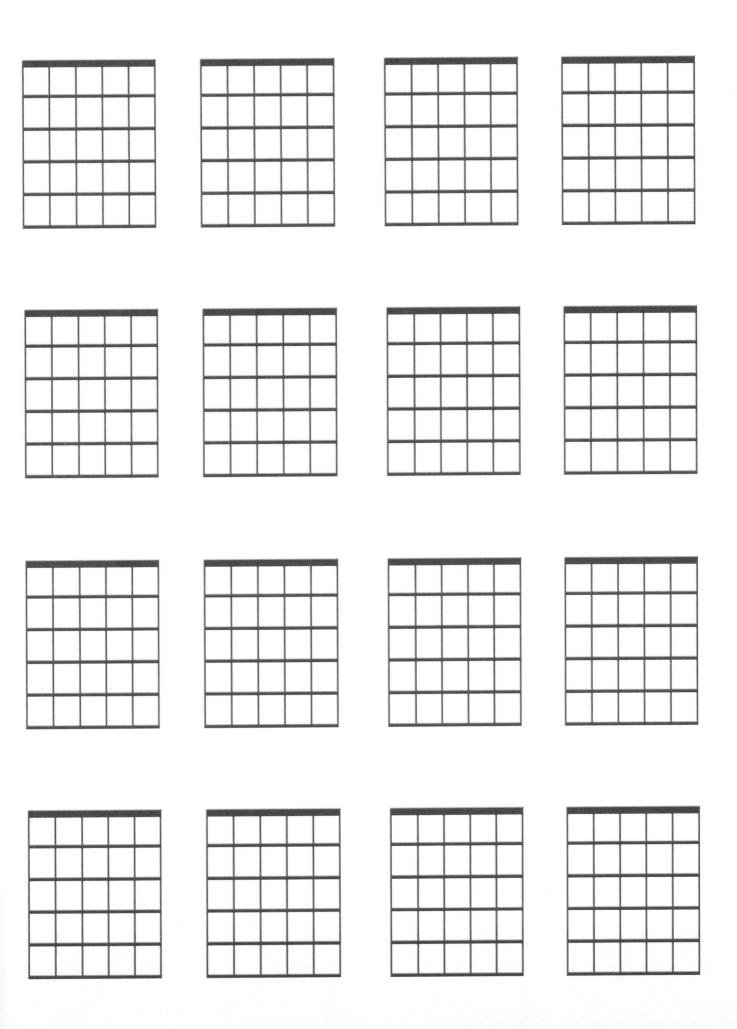

T
A
B

T
A
B

T
A
B

T
A
B

T
A
B

T
A
B

T
A
B

T
A
B

T
A
B

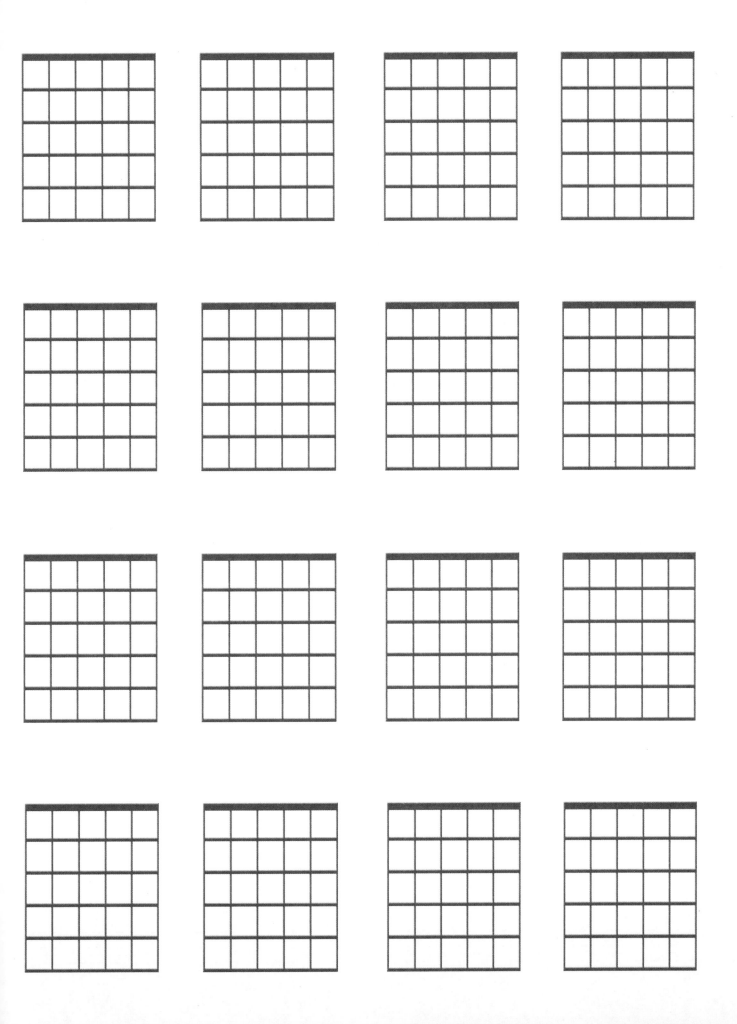

TAB

TAB

TAB

TAB

TAB

TAB

TAB

TAB

TAB

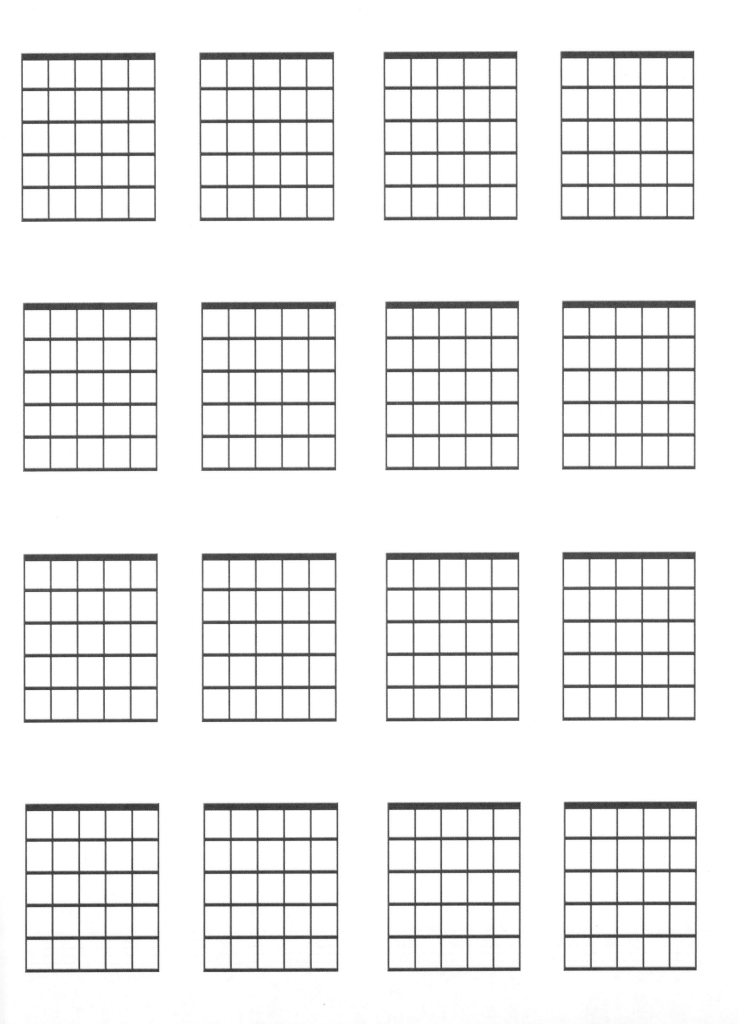

TAB

TAB

TAB

TAB

TAB

TAB

TAB

TAB

TAB

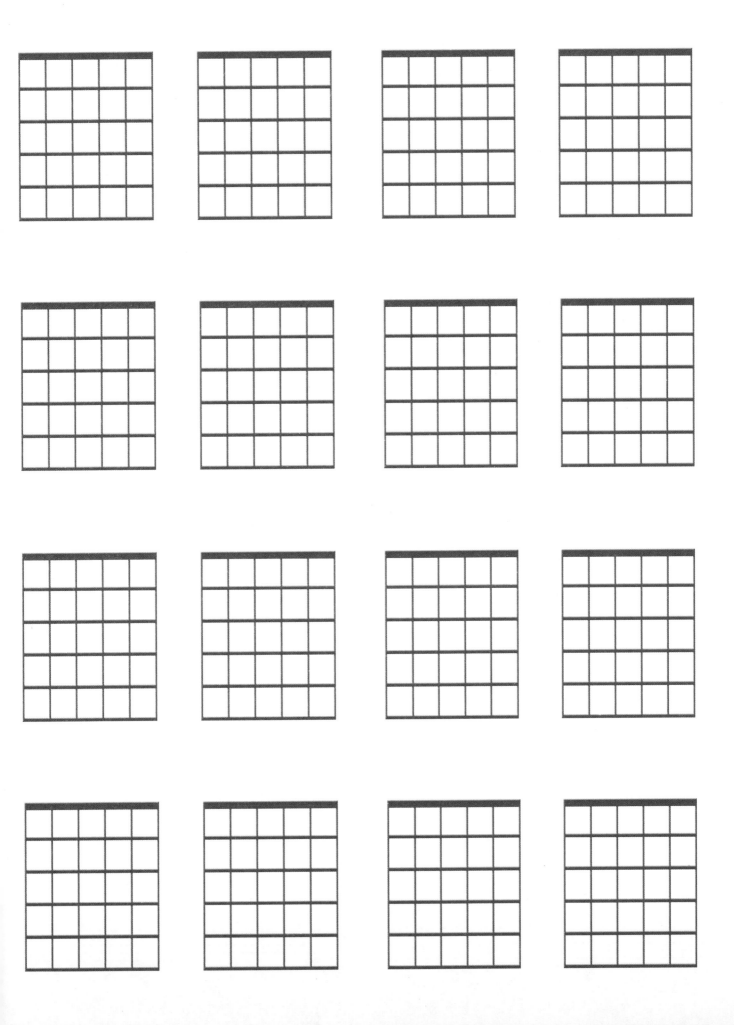

```
T
A
B


T
A
B


T
A
B


T
A
B


T
A
B


T
A
B


T
A
B


T
A
B


T
A
B
```

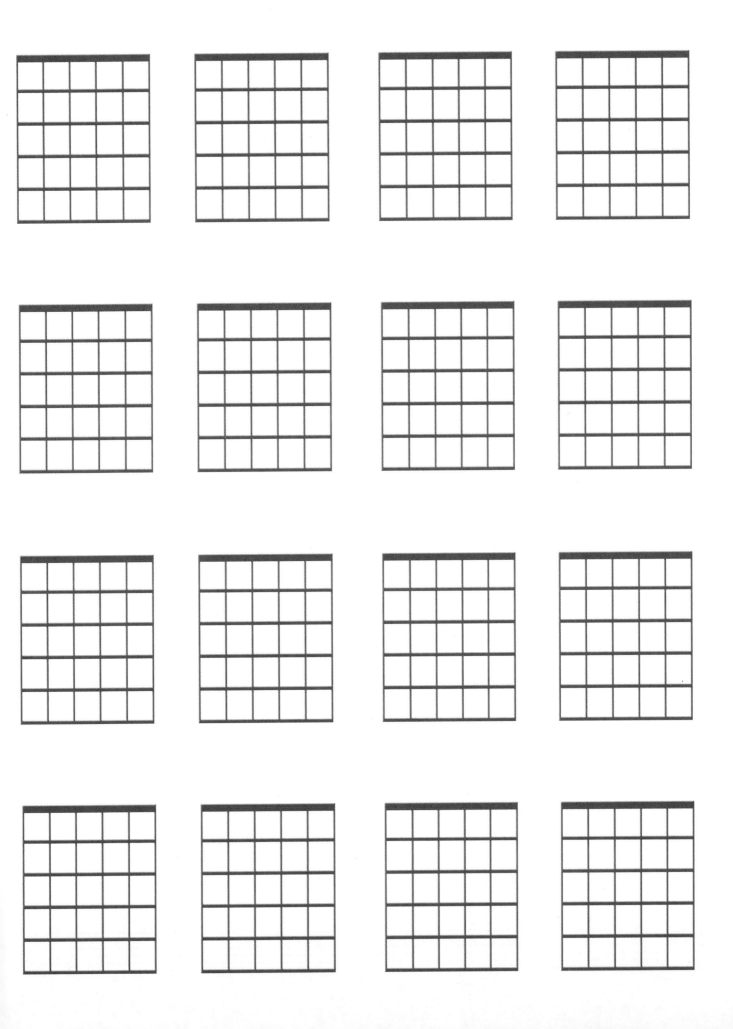

T
A
B

T
A
B

T
A
B

T
A
B

T
A
B

T
A
B

T
A
B

T
A
B

T
A
B

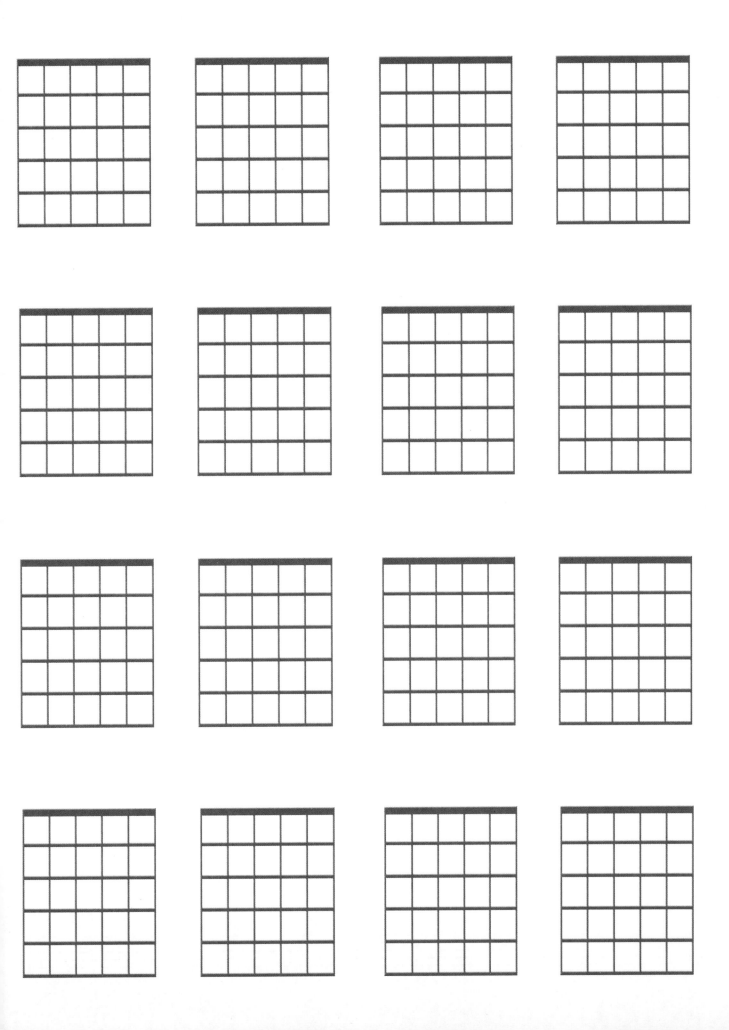

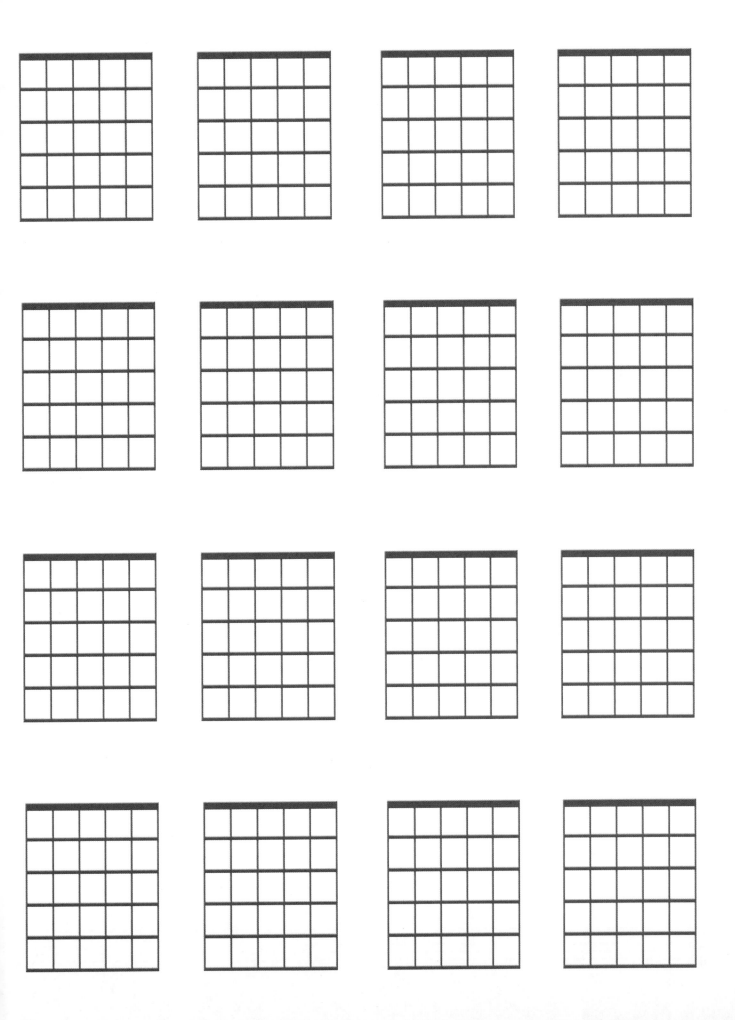

```
T
A
B
```

```
T
A
B
```

```
T
A
B
```

```
T
A
B
```

```
T
A
B
```

```
T
A
B
```

```
T
A
B
```

```
T
A
B
```

```
T
A
B
```

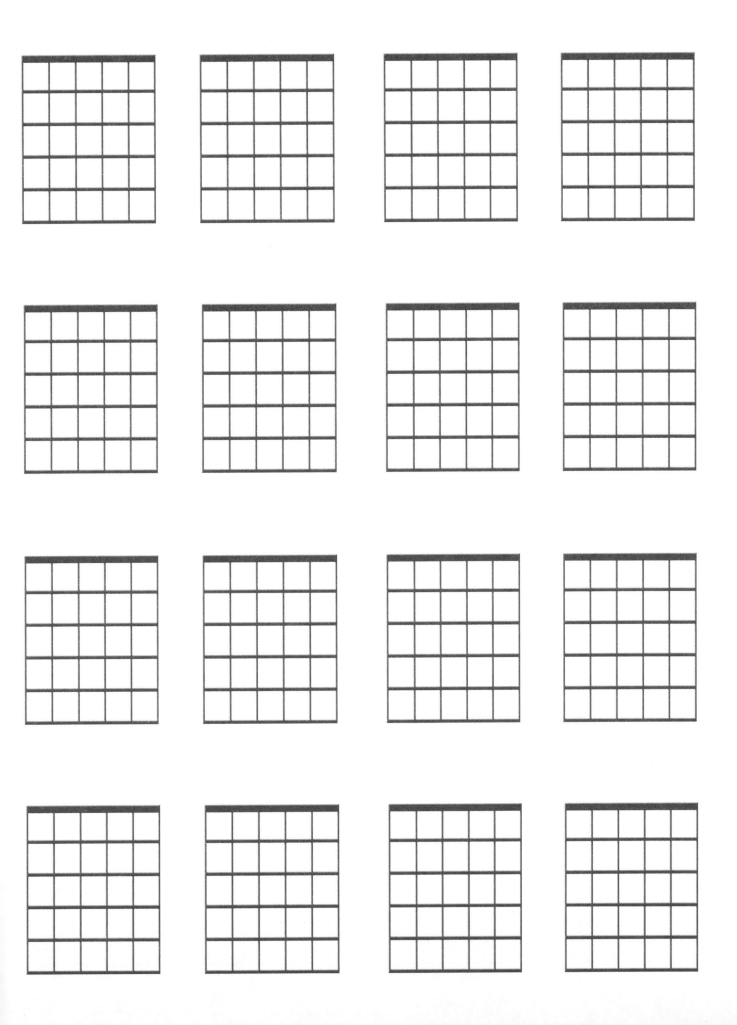

```
T
A
B

T
A
B

T
A
B

T
A
B

T
A
B

T
A
B

T
A
B

T
A
B

T
A
B
```

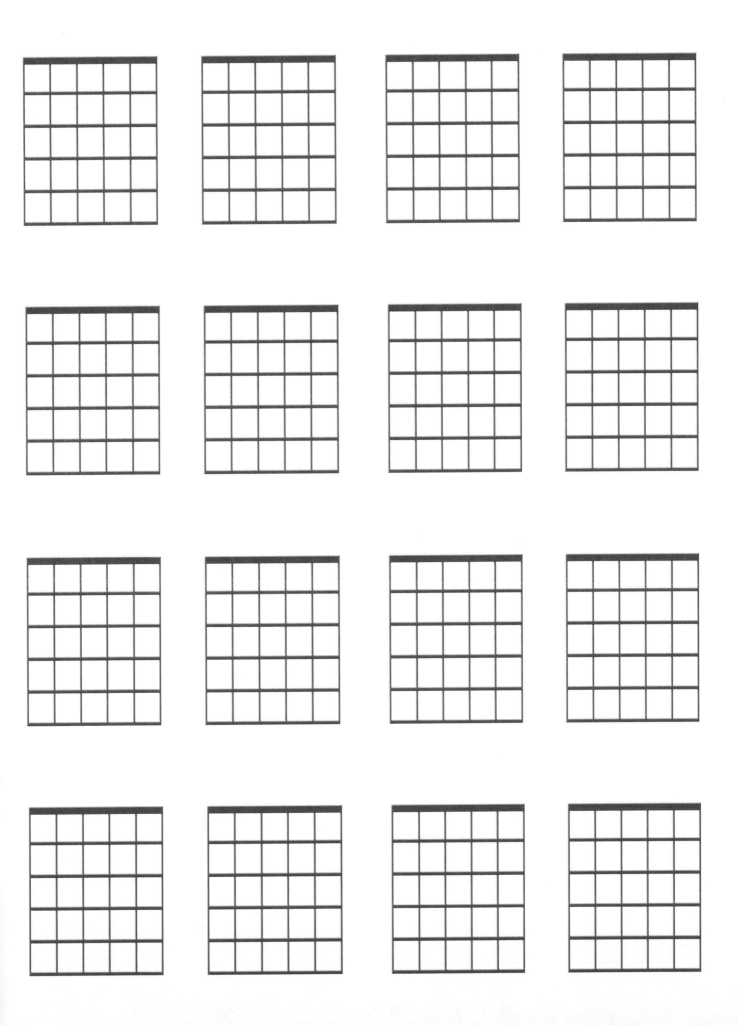

```
T
A
B

T
A
B

T
A
B

T
A
B

T
A
B

T
A
B

T
A
B

T
A
B

T
A
B
```

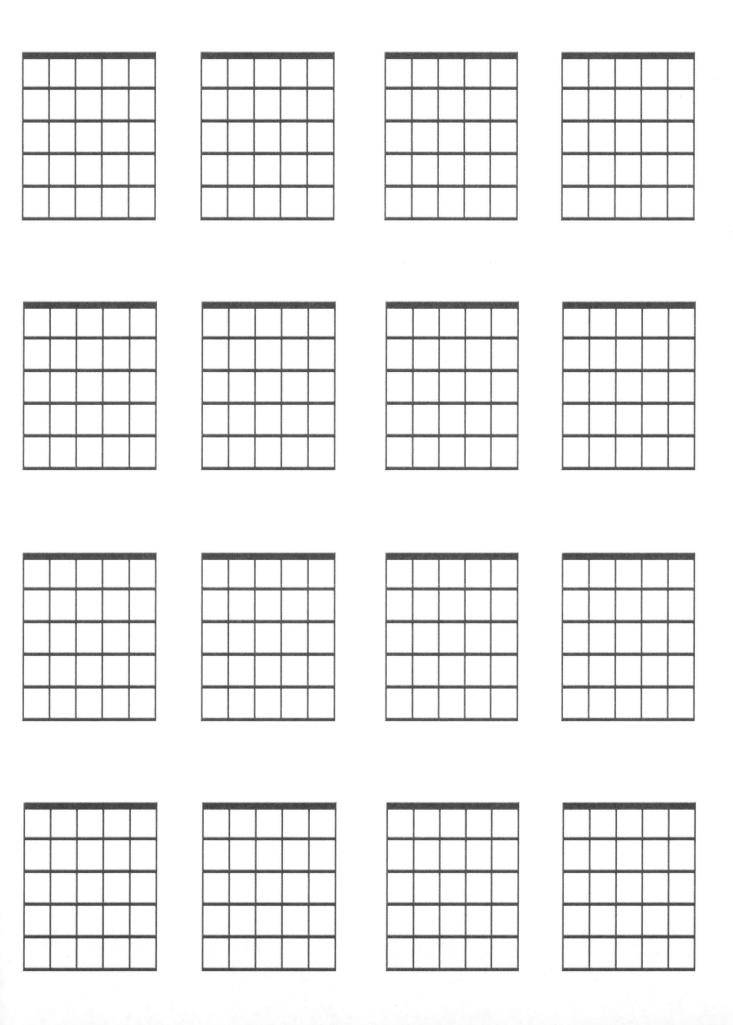

T
A
B

T
A
B

T
A
B

T
A
B

T
A
B

T
A
B

T
A
B

T
A
B

T
A
B

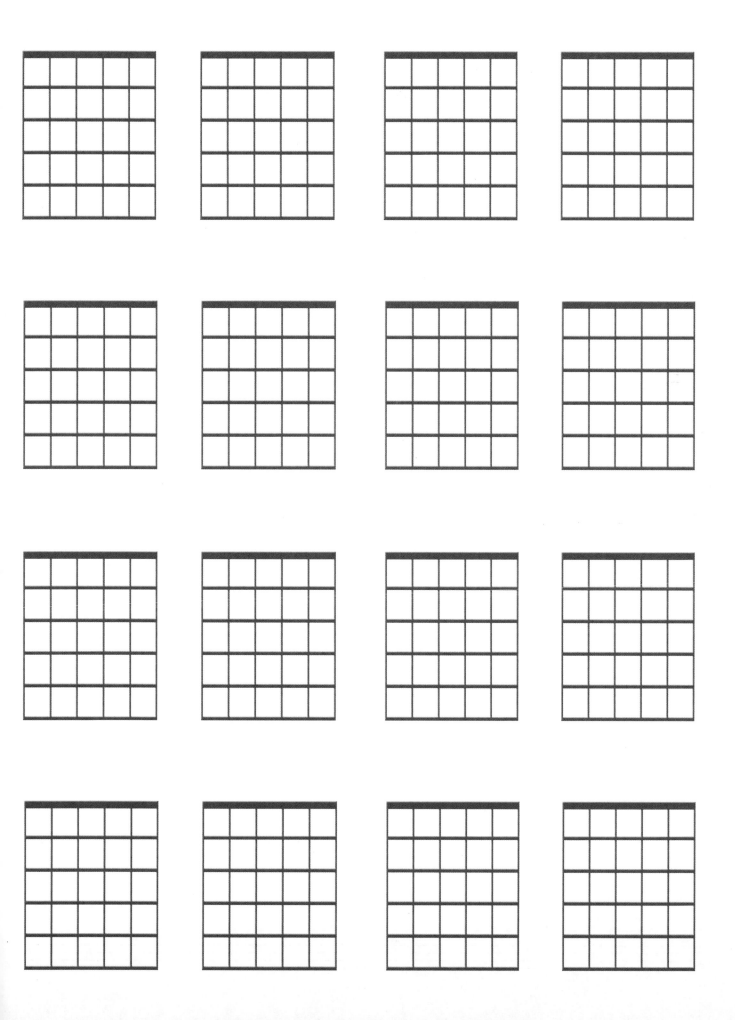

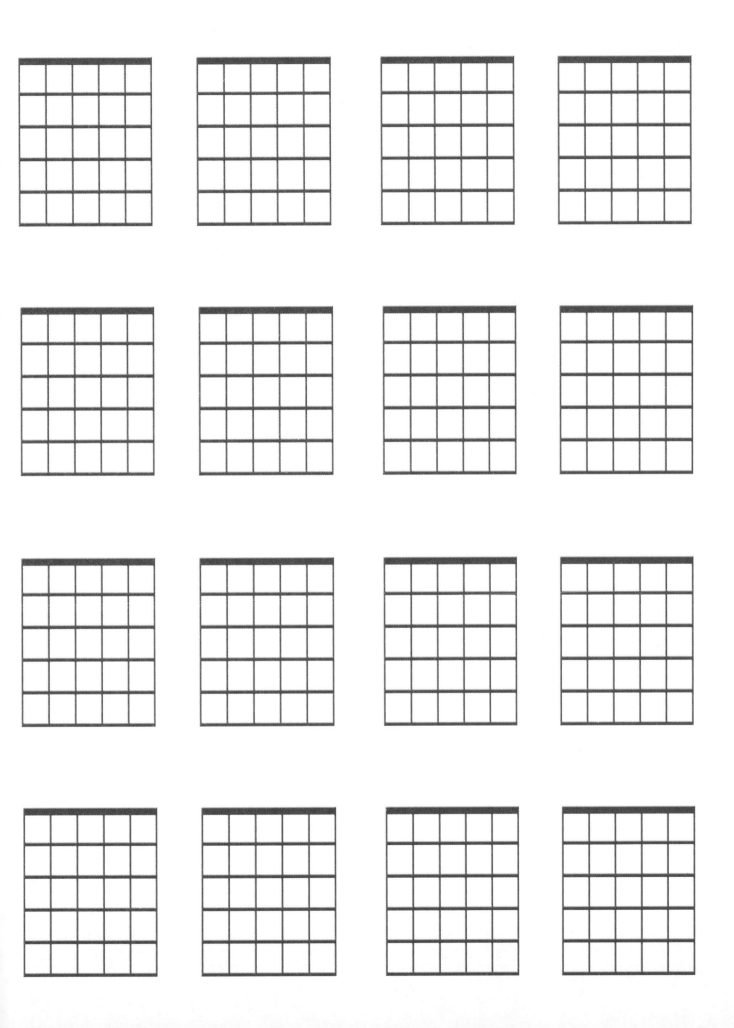

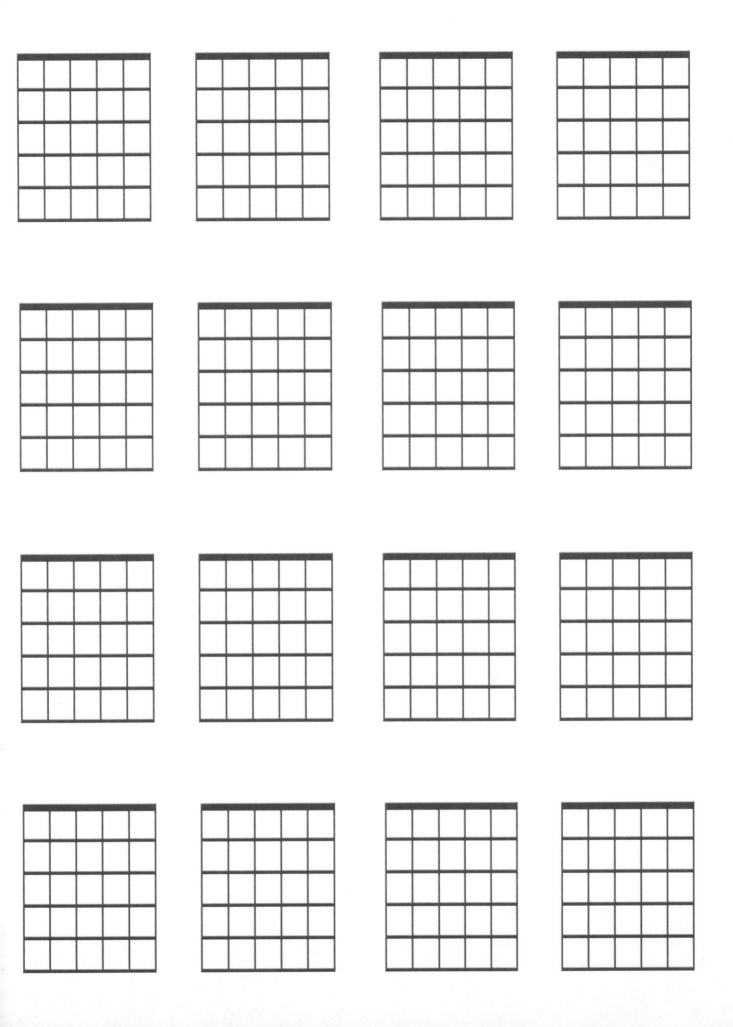

```
T
A
B


T
A
B


T
A
B


T
A
B


T
A
B


T
A
B


T
A
B


T
A
B


T
A
B
```

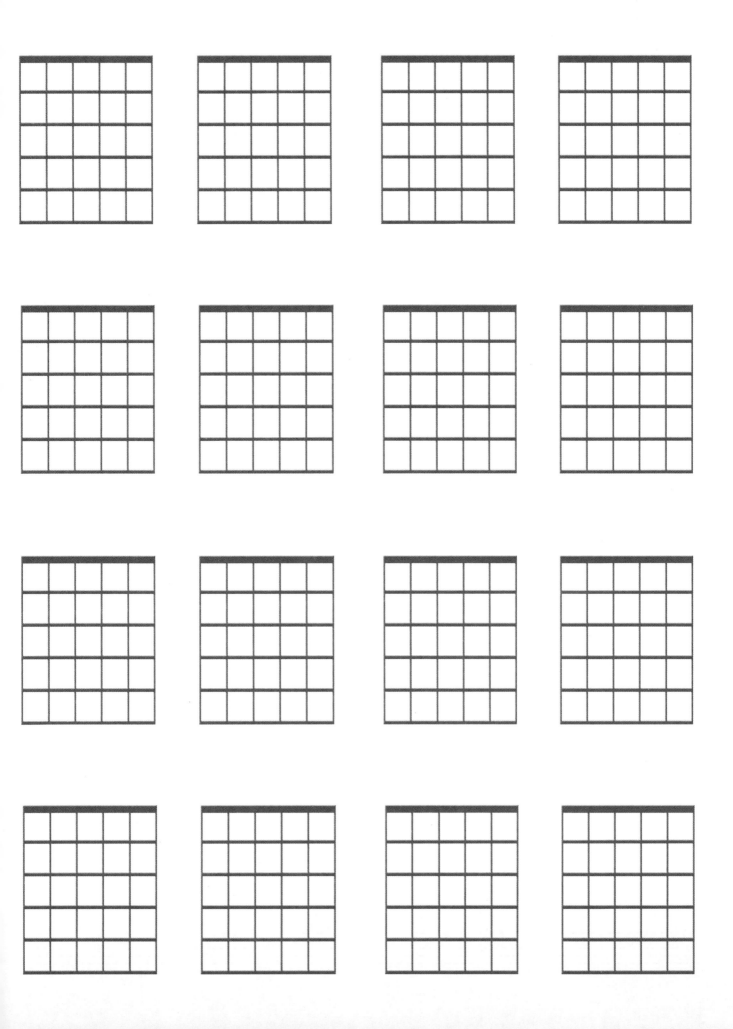

```
T
A
B


T
A
B


T
A
B


T
A
B


T
A
B


T
A
B


T
A
B


T
A
B


T
A
B
```

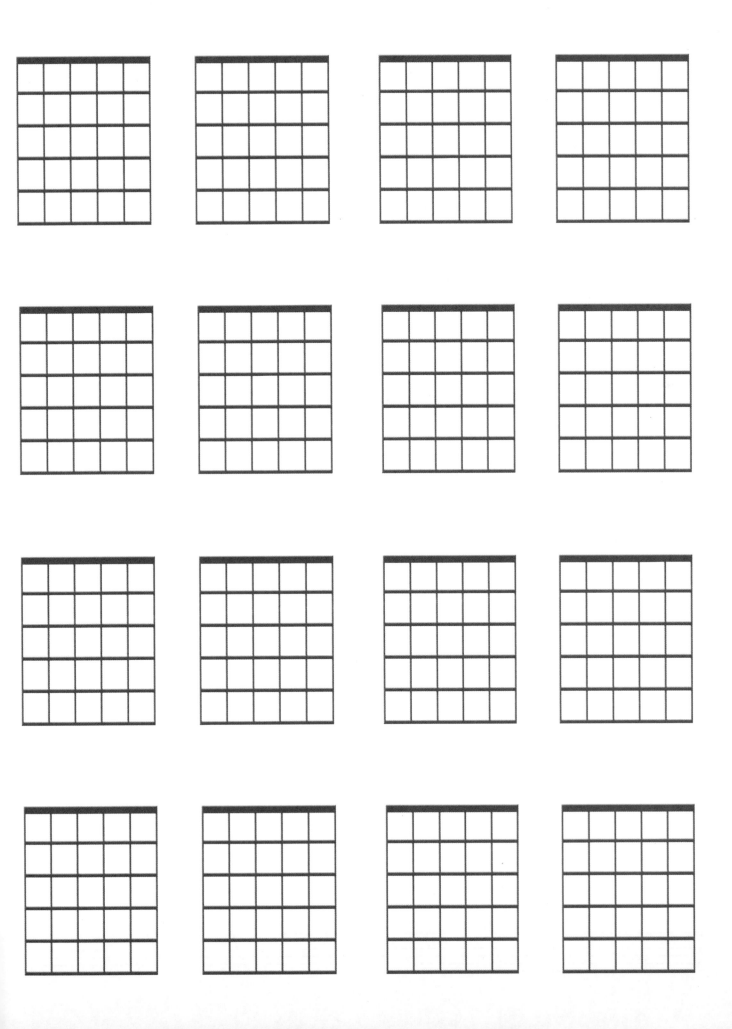

```
T
A
B
```

```
T
A
B
```

```
T
A
B
```

```
T
A
B
```

```
T
A
B
```

```
T
A
B
```

```
T
A
B
```

```
T
A
B
```

```
T
A
B
```

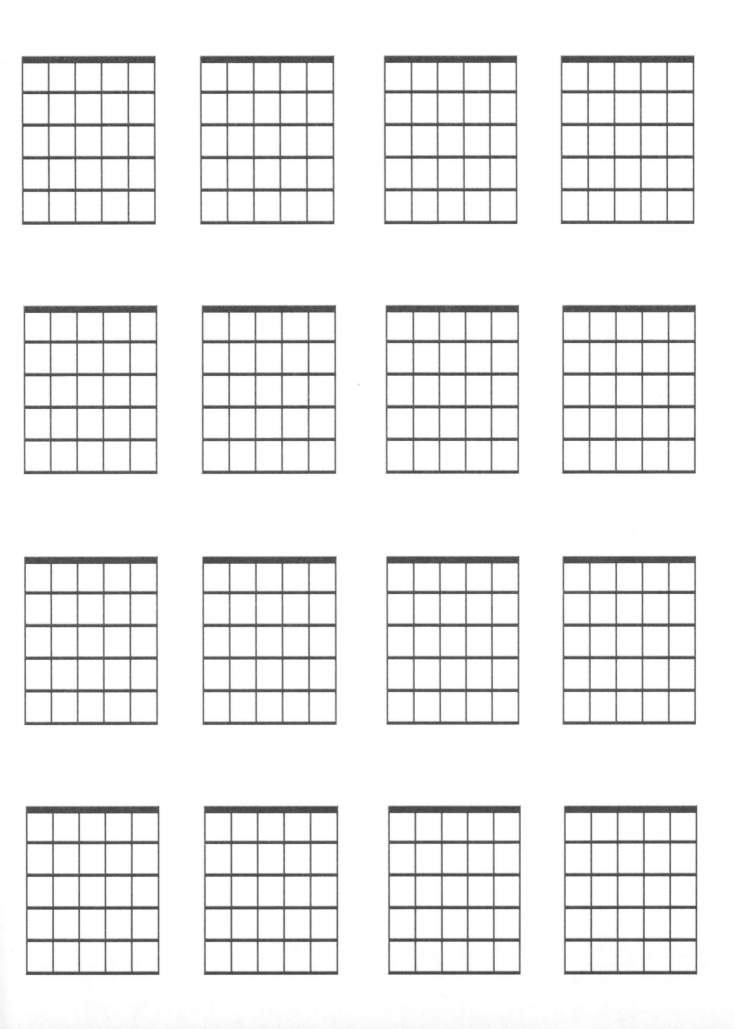

TAB

TAB

TAB

TAB

TAB

TAB

TAB

TAB

TAB

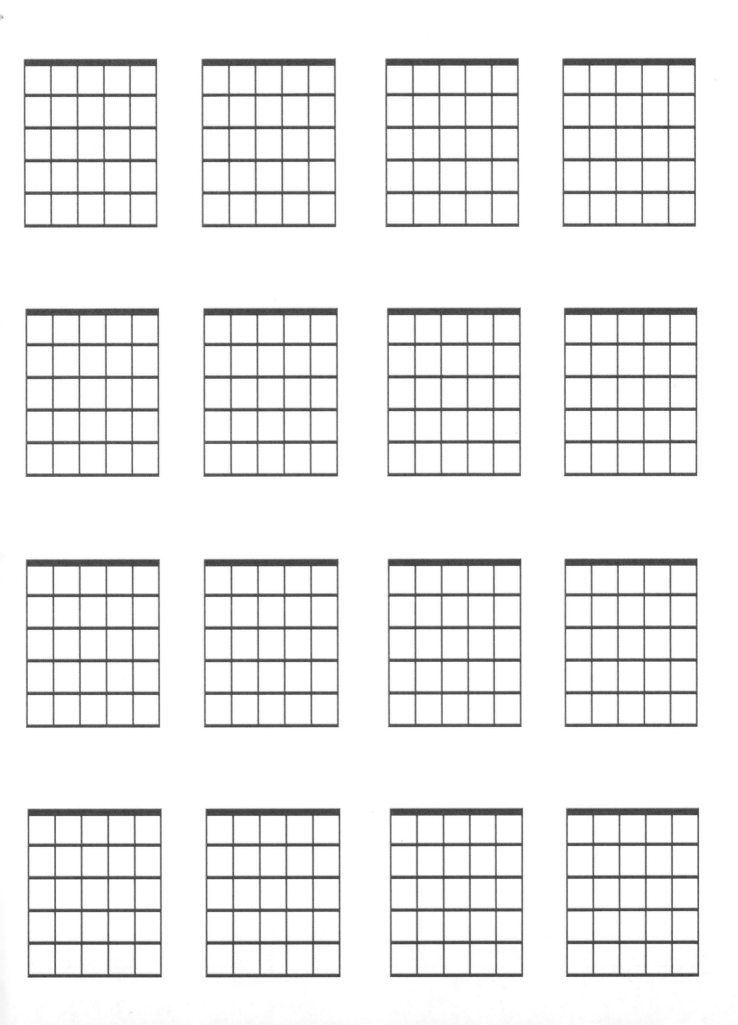

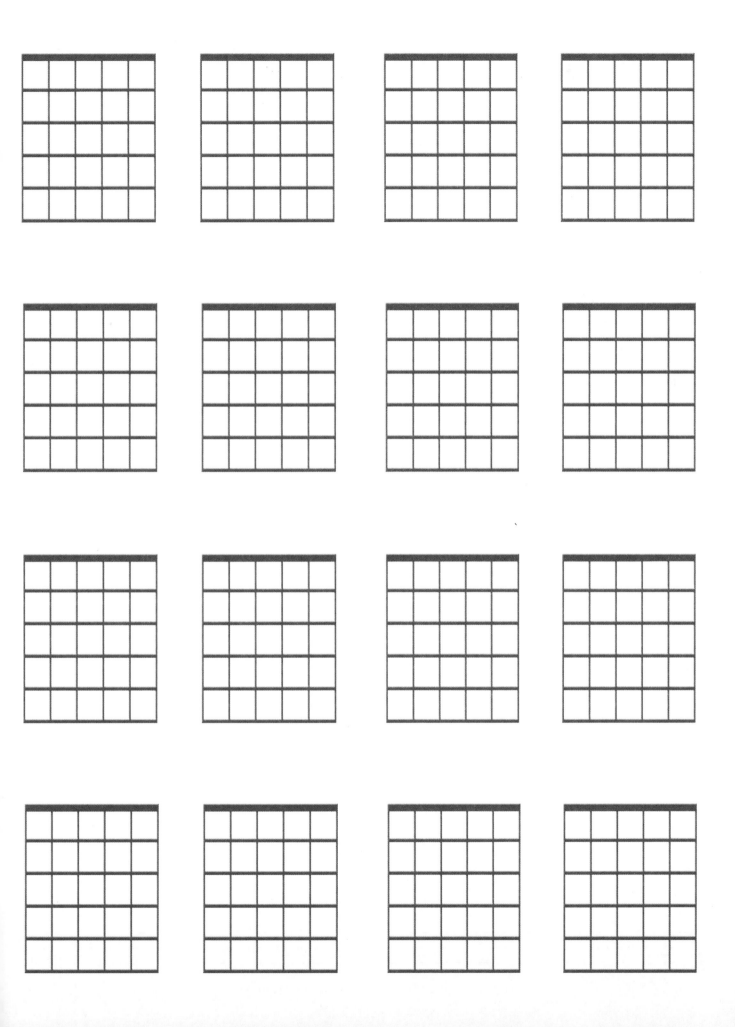

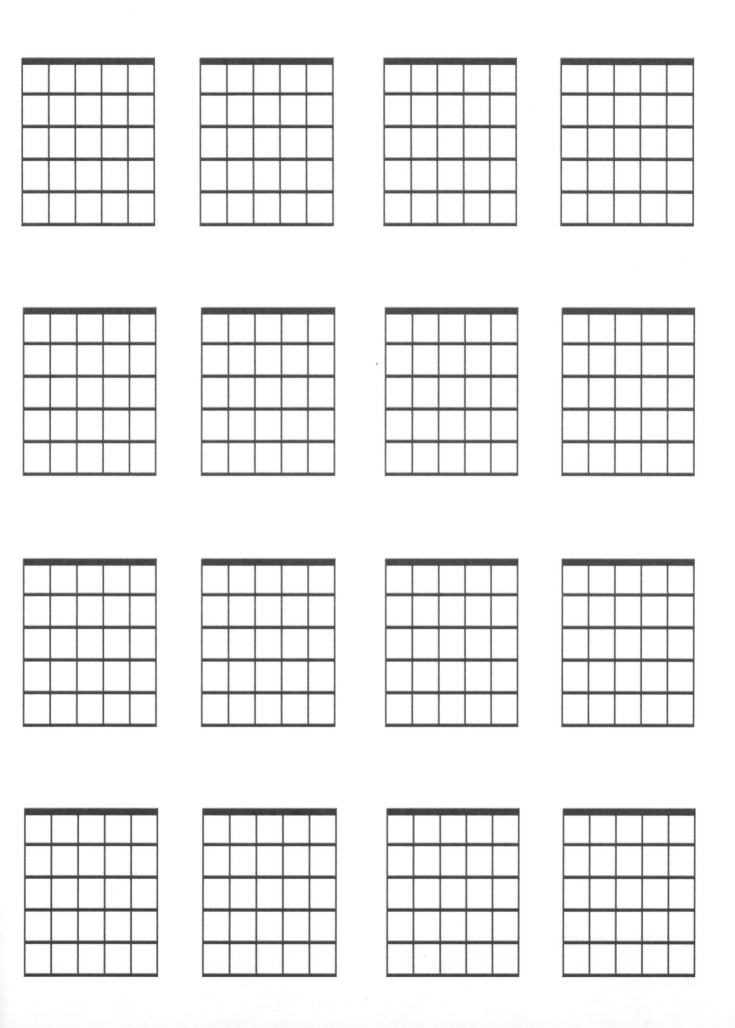

```
T
A
B
```

```
T
A
B
```

```
T
A
B
```

```
T
A
B
```

```
T
A
B
```

```
T
A
B
```

```
T
A
B
```

```
T
A
B
```

```
T
A
B
```

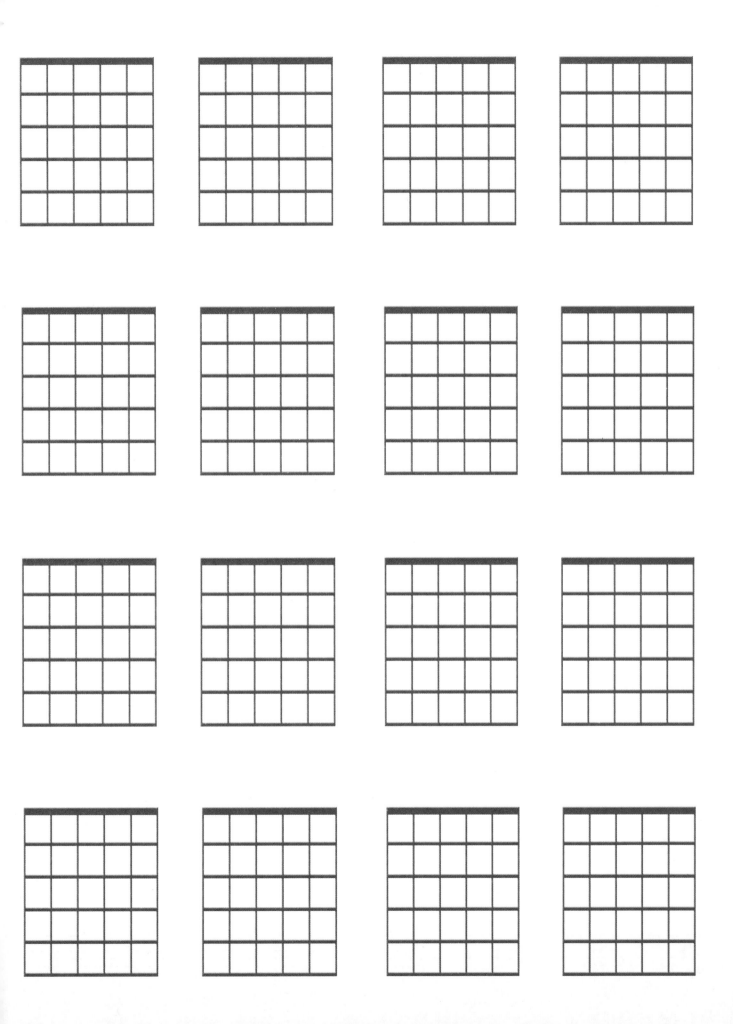

TAB

TAB

TAB

TAB

TAB

TAB

TAB

TAB

TAB

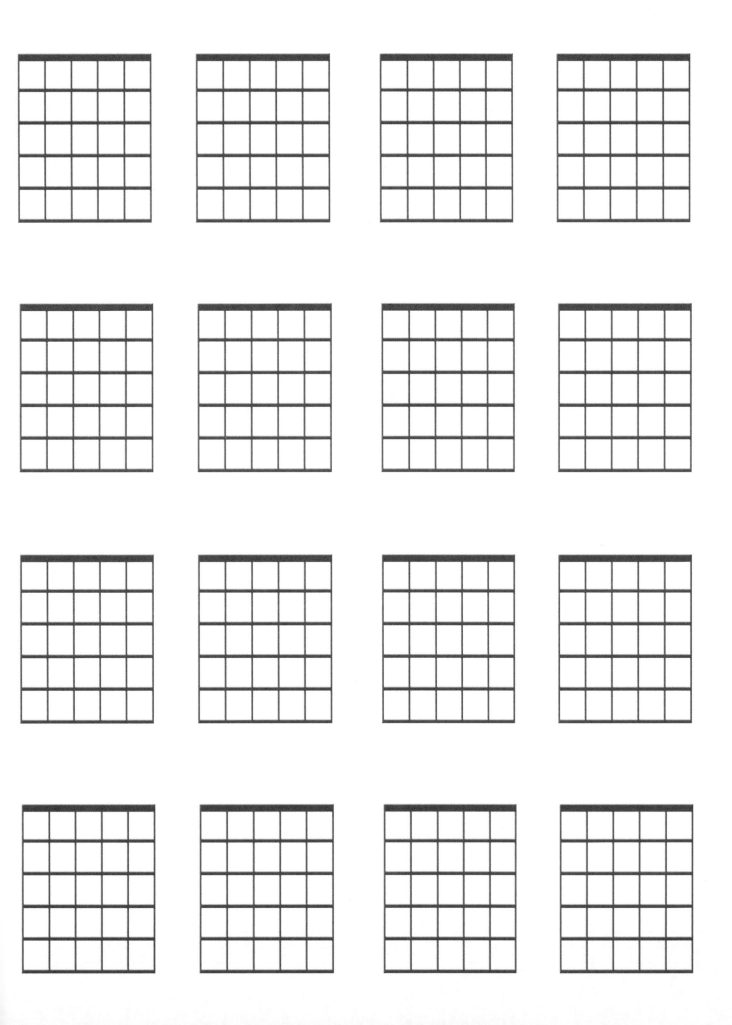

```
T
A
B
```

```
T
A
B
```

```
T
A
B
```

```
T
A
B
```

```
T
A
B
```

```
T
A
B
```

```
T
A
B
```

```
T
A
B
```

```
T
A
B
```

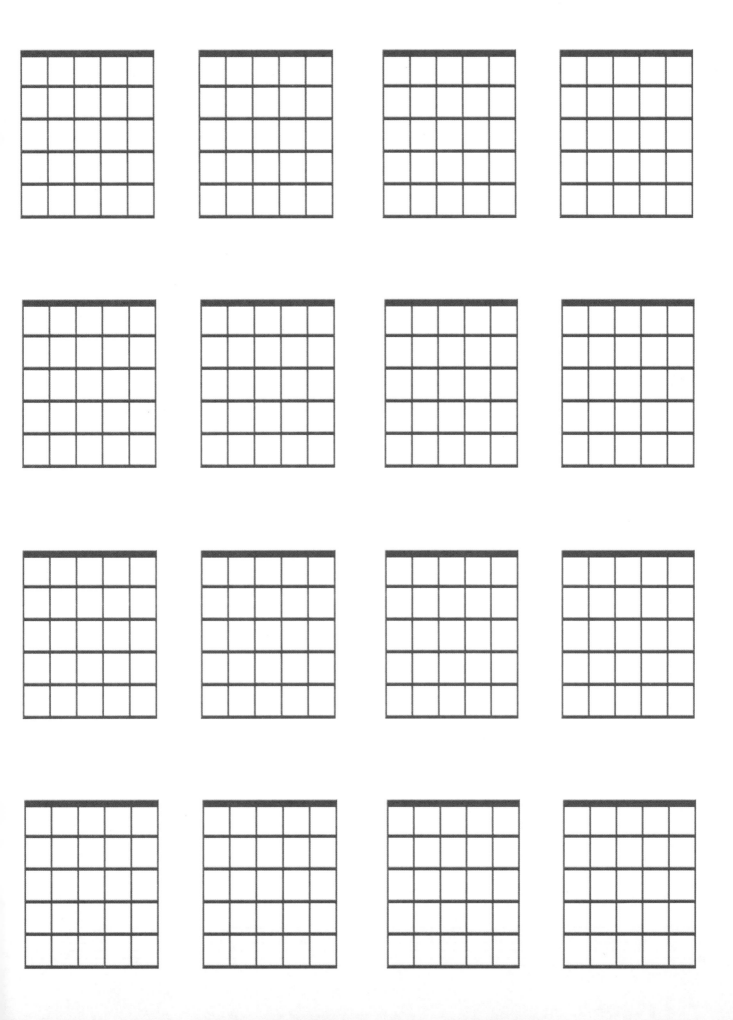

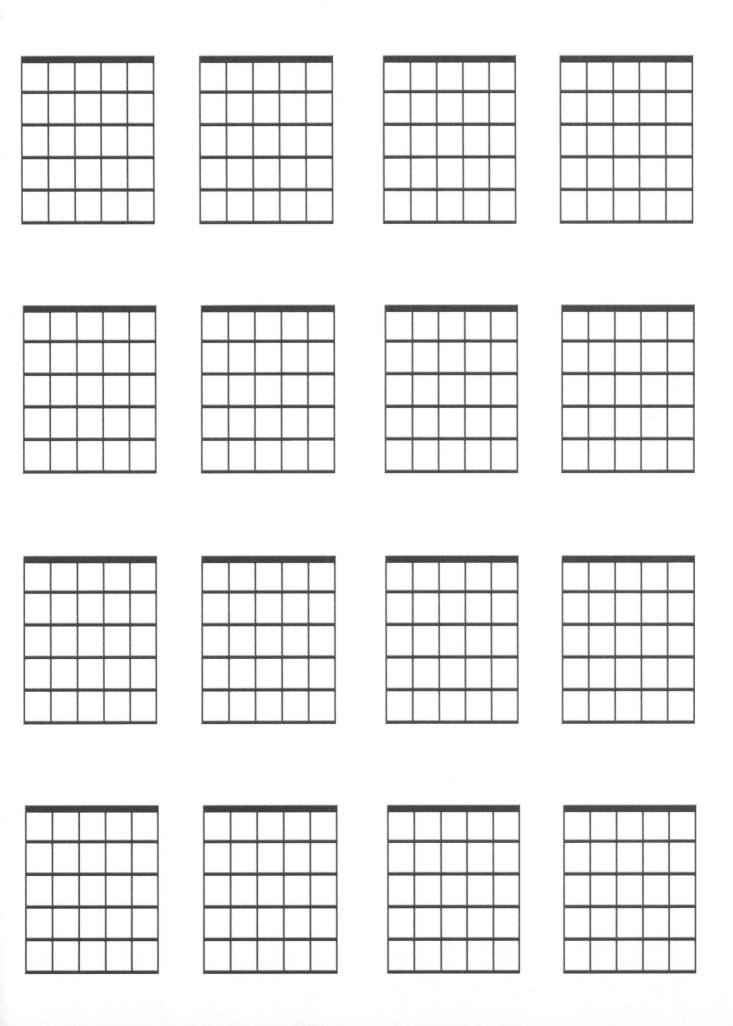

```
T
A
B

T
A
B

T
A
B

T
A
B

T
A
B

T
A
B

T
A
B

T
A
B

T
A
B
```

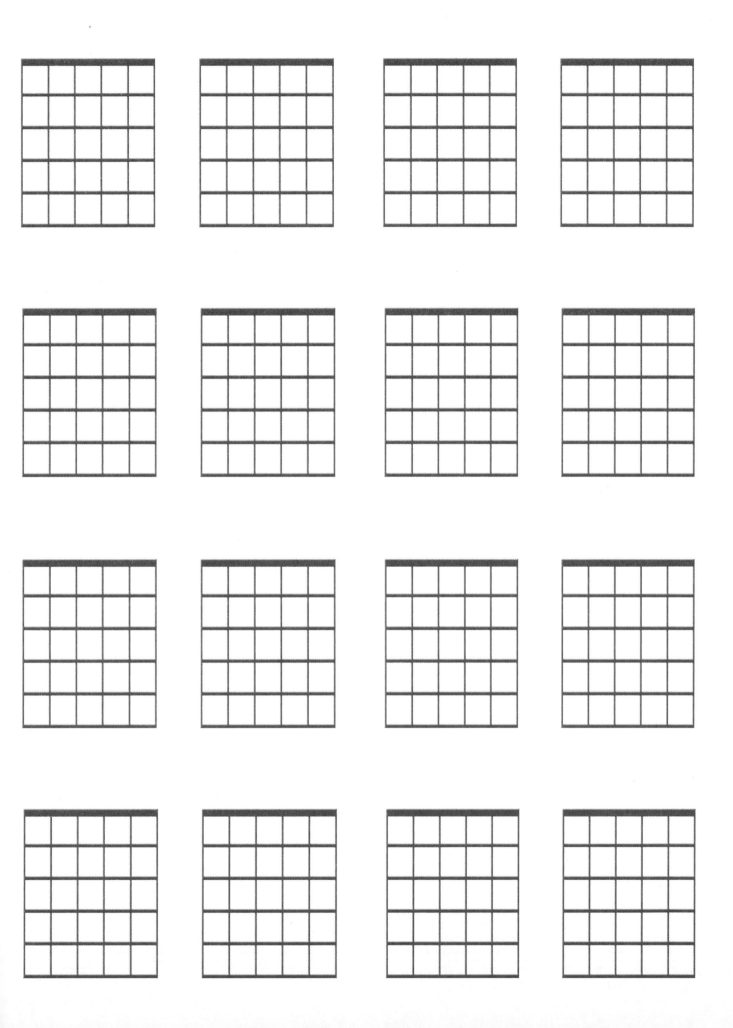

```
T ═══════════════════════════════════════════════════
A ───────────────────────────────────────────────────
B ═══════════════════════════════════════════════════


T ═══════════════════════════════════════════════════
A ───────────────────────────────────────────────────
B ═══════════════════════════════════════════════════


T ═══════════════════════════════════════════════════
A ───────────────────────────────────────────────────
B ═══════════════════════════════════════════════════


T ═══════════════════════════════════════════════════
A ───────────────────────────────────────────────────
B ═══════════════════════════════════════════════════


T ═══════════════════════════════════════════════════
A ───────────────────────────────────────────────────
B ═══════════════════════════════════════════════════


T ═══════════════════════════════════════════════════
A ───────────────────────────────────────────────────
B ═══════════════════════════════════════════════════


T ═══════════════════════════════════════════════════
A ───────────────────────────────────────────────────
B ═══════════════════════════════════════════════════


T ═══════════════════════════════════════════════════
A ───────────────────────────────────────────────────
B ═══════════════════════════════════════════════════


T ═══════════════════════════════════════════════════
A ───────────────────────────────────────────────────
B ═══════════════════════════════════════════════════
```

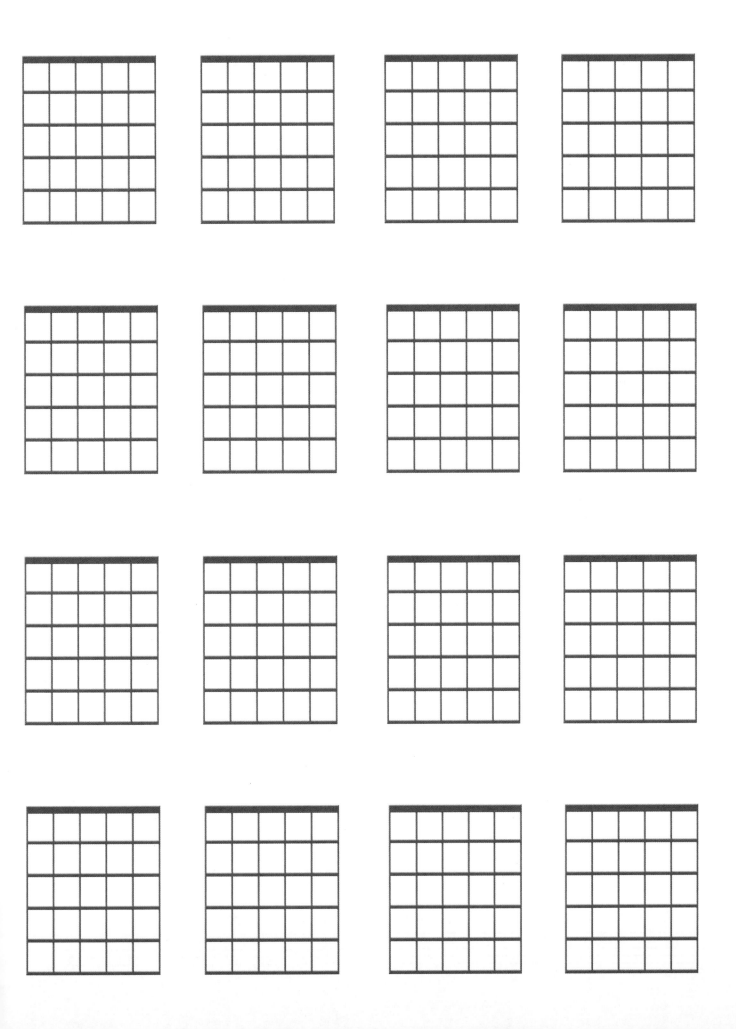

```
T
A
B
```

```
T
A
B
```

```
T
A
B
```

```
T
A
B
```

```
T
A
B
```

```
T
A
B
```

```
T
A
B
```

```
T
A
B
```

```
T
A
B
```

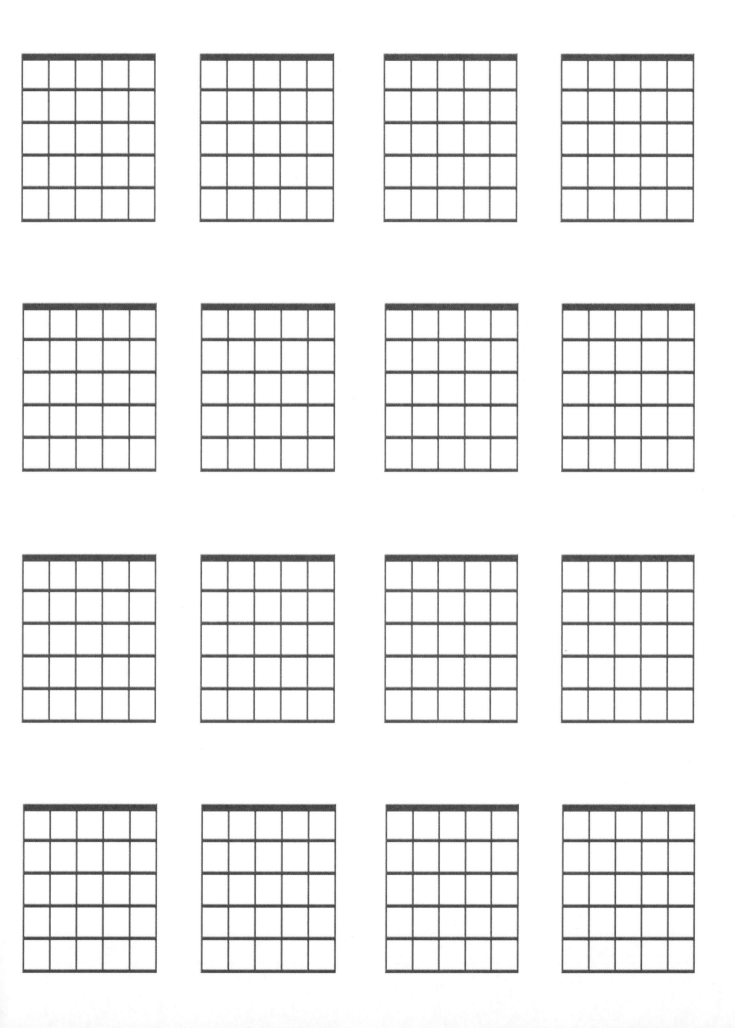

TAB

TAB

TAB

TAB

TAB

TAB

TAB

TAB

TAB

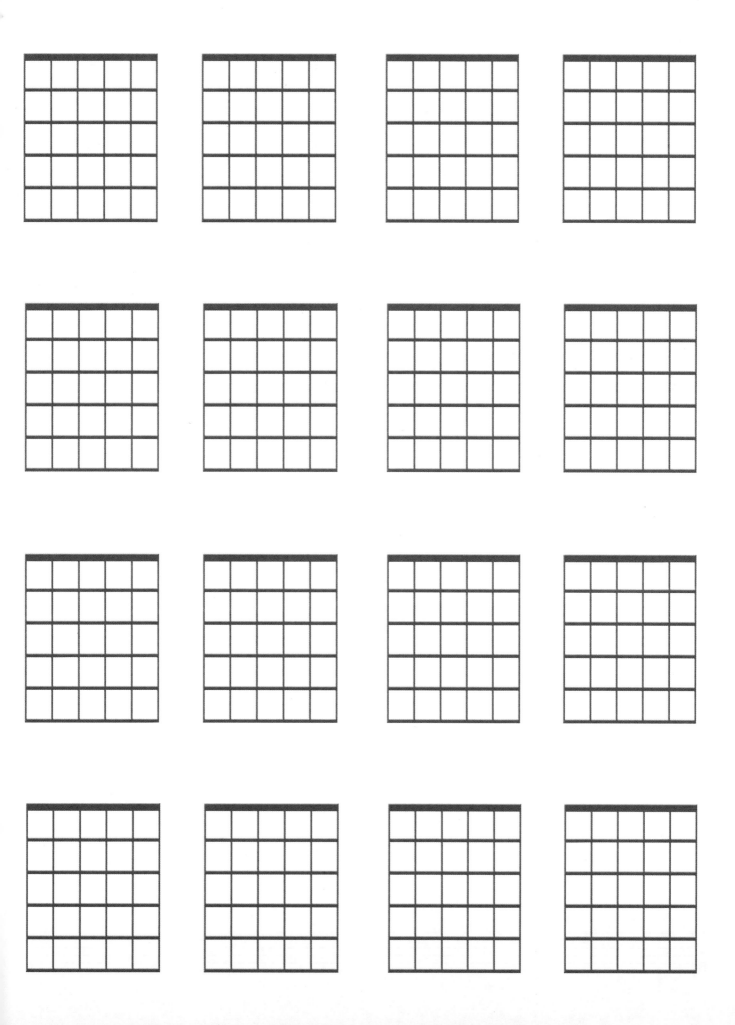

TAB

TAB

TAB

TAB

TAB

TAB

TAB

TAB

TAB

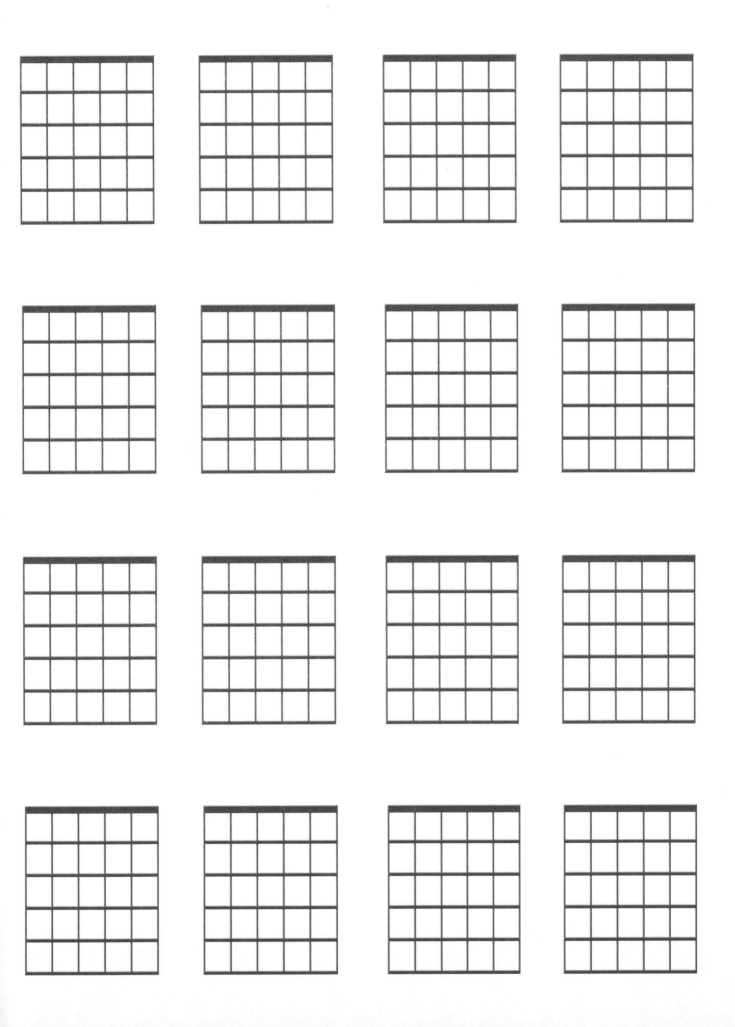

T
A
B

T
A
B

T
A
B

T
A
B

T
A
B

T
A
B

T
A
B

T
A
B

T
A
B

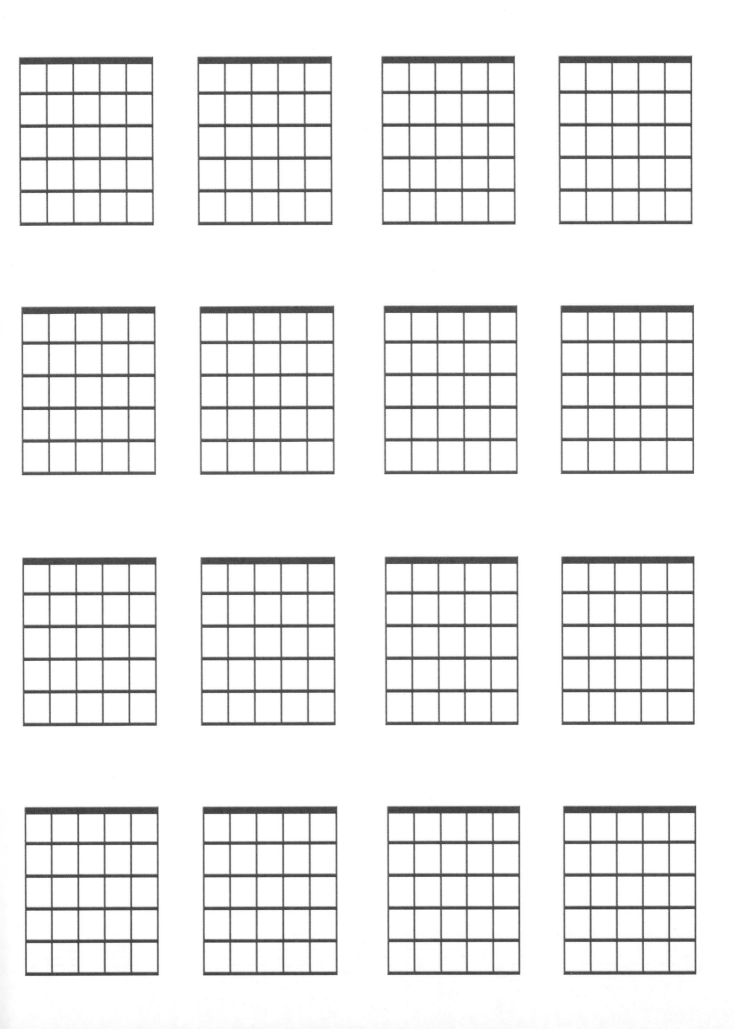

```
T
A
B

T
A
B

T
A
B

T
A
B

T
A
B

T
A
B

T
A
B

T
A
B

T
A
B
```

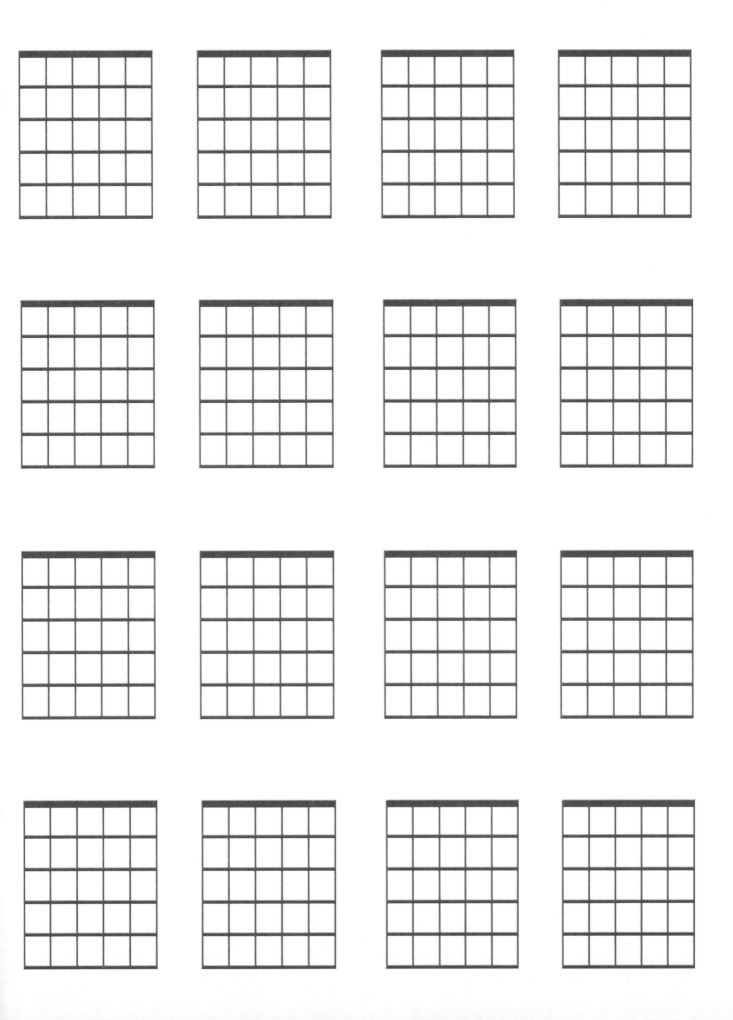

```
T
A
B
```

```
T
A
B
```

```
T
A
B
```

```
T
A
B
```

```
T
A
B
```

```
T
A
B
```

```
T
A
B
```

```
T
A
B
```

```
T
A
B
```

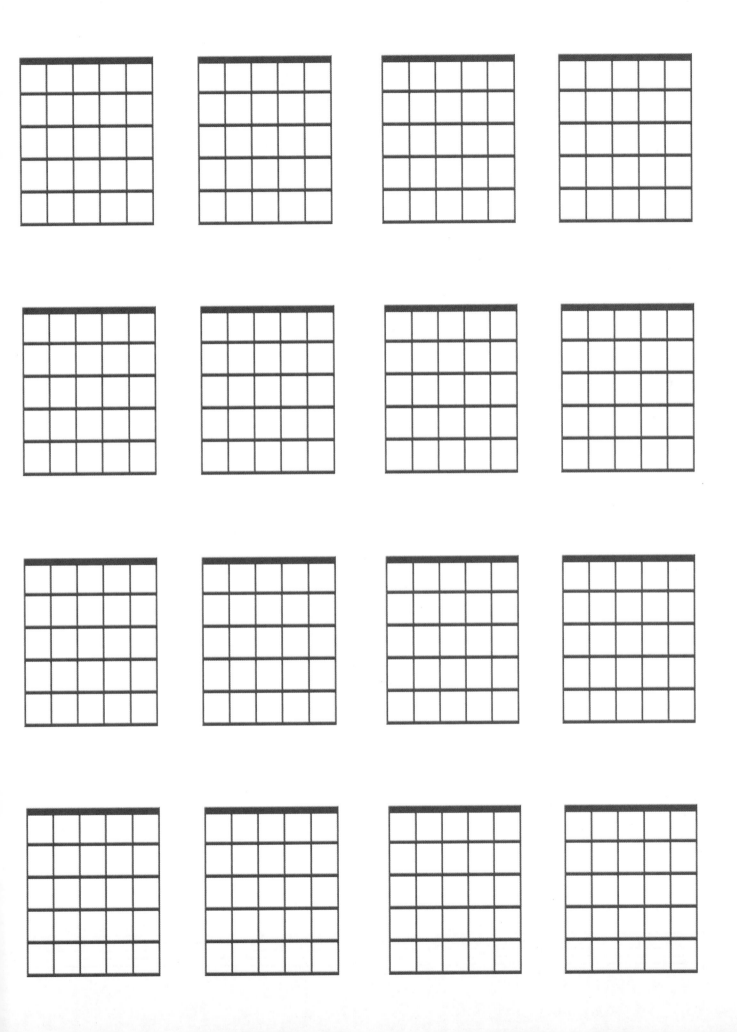

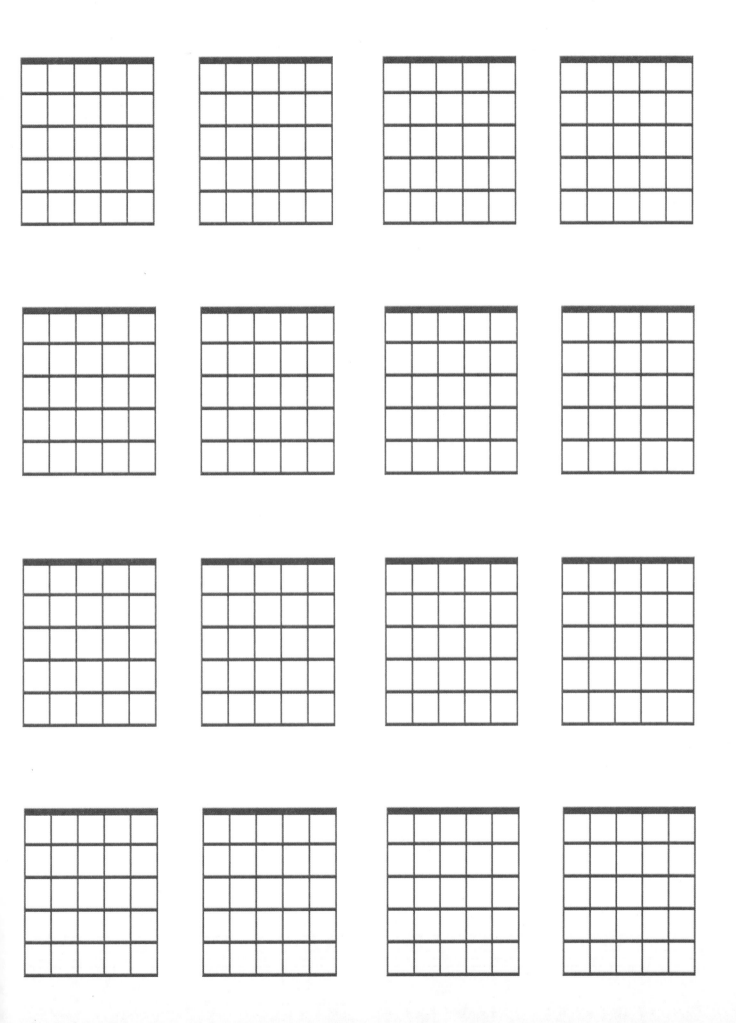

```
T
A
B
```

```
T
A
B
```

```
T
A
B
```

```
T
A
B
```

```
T
A
B
```

```
T
A
B
```

```
T
A
B
```

```
T
A
B
```

```
T
A
B
```

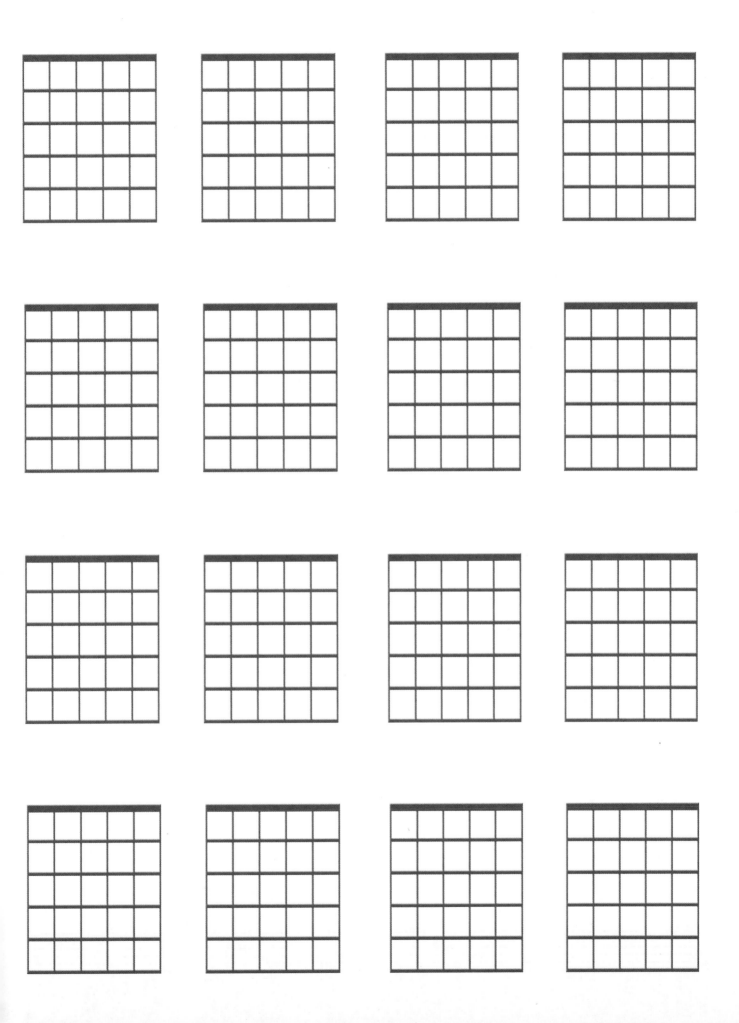

```
T
A
B
```

```
T
A
B
```

```
T
A
B
```

```
T
A
B
```

```
T
A
B
```

```
T
A
B
```

```
T
A
B
```

```
T
A
B
```

```
T
A
B
```

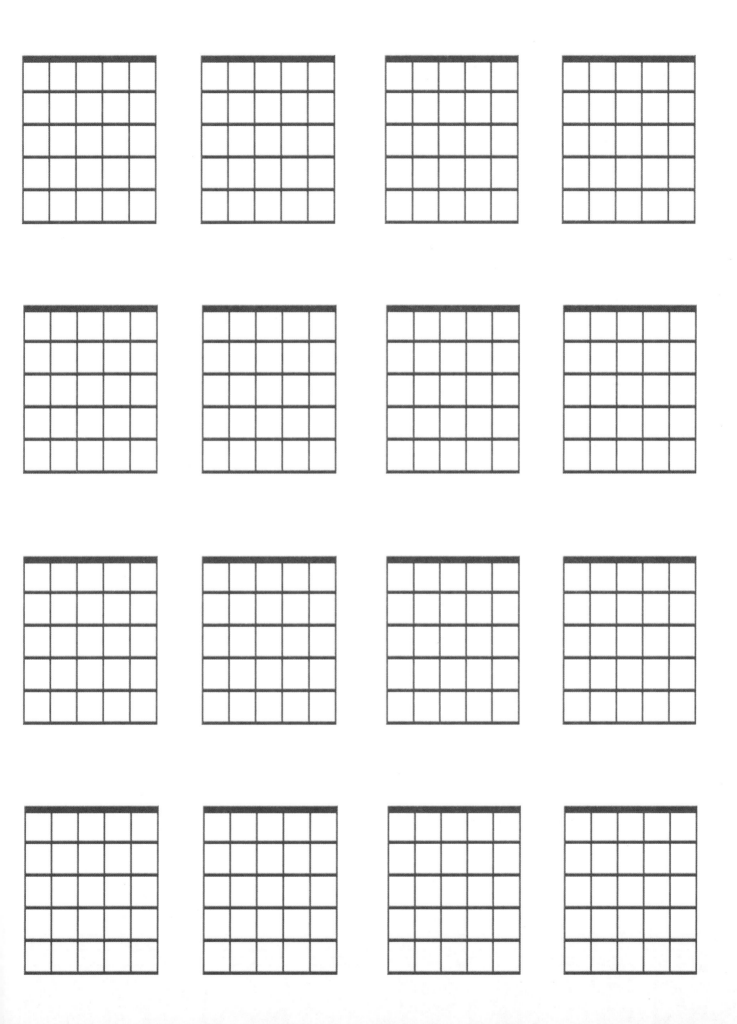

```
T
A
B

T
A
B

T
A
B

T
A
B

T
A
B

T
A
B

T
A
B

T
A
B

T
A
B
```

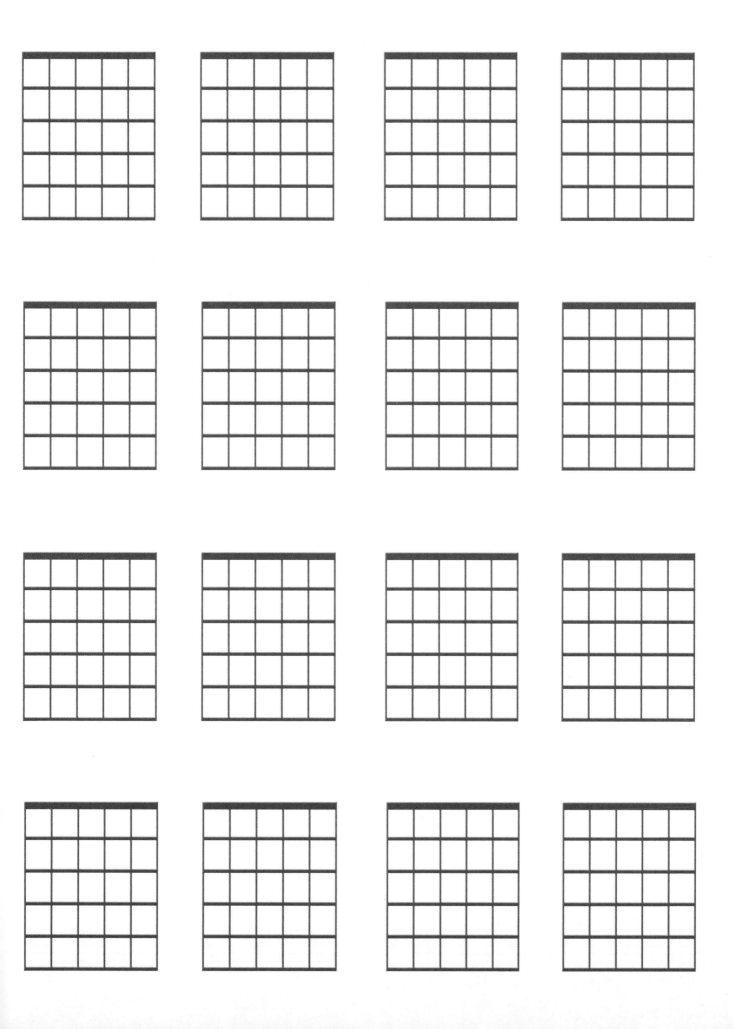

```
T
A
B


T
A
B


T
A
B


T
A
B


T
A
B


T
A
B


T
A
B


T
A
B


T
A
B
```

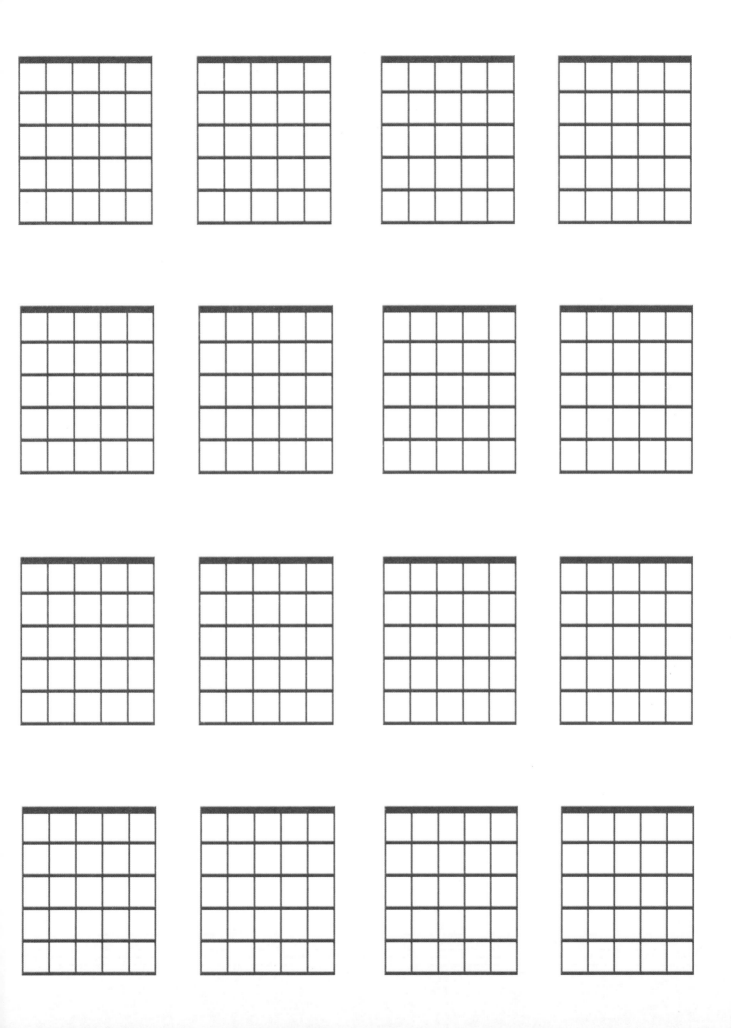

T
A
B

T
A
B

T
A
B

T
A
B

T
A
B

T
A
B

T
A
B

T
A
B

T
A
B

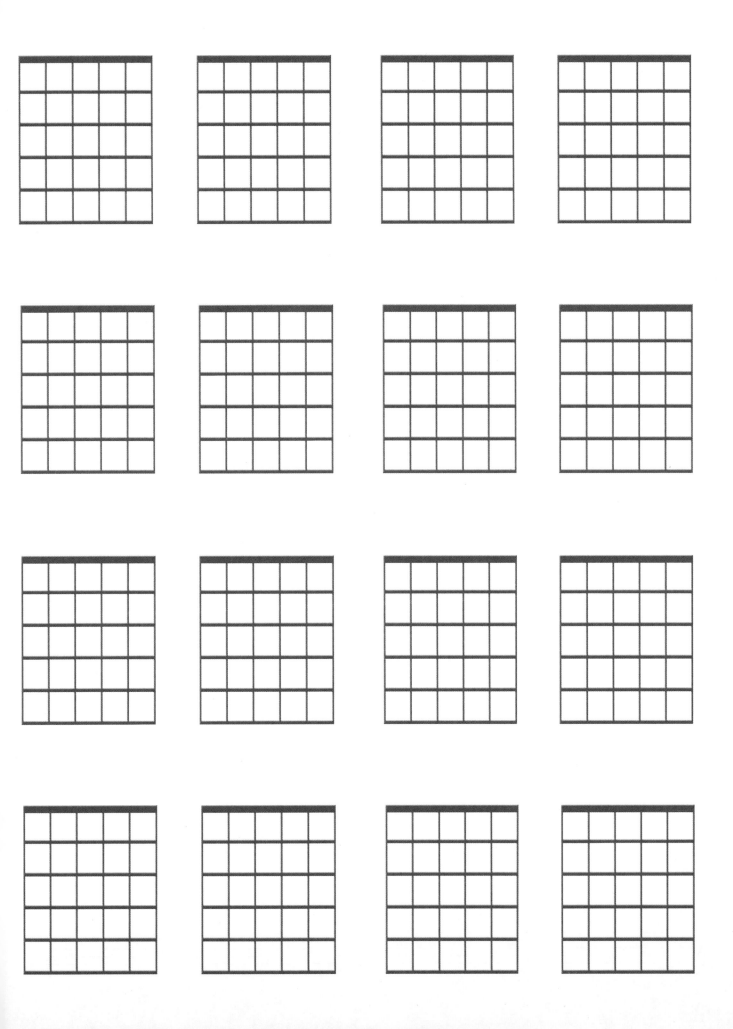

```
T
A
B


T
A
B


T
A
B


T
A
B


T
A
B


T
A
B


T
A
B


T
A
B


T
A
B
```

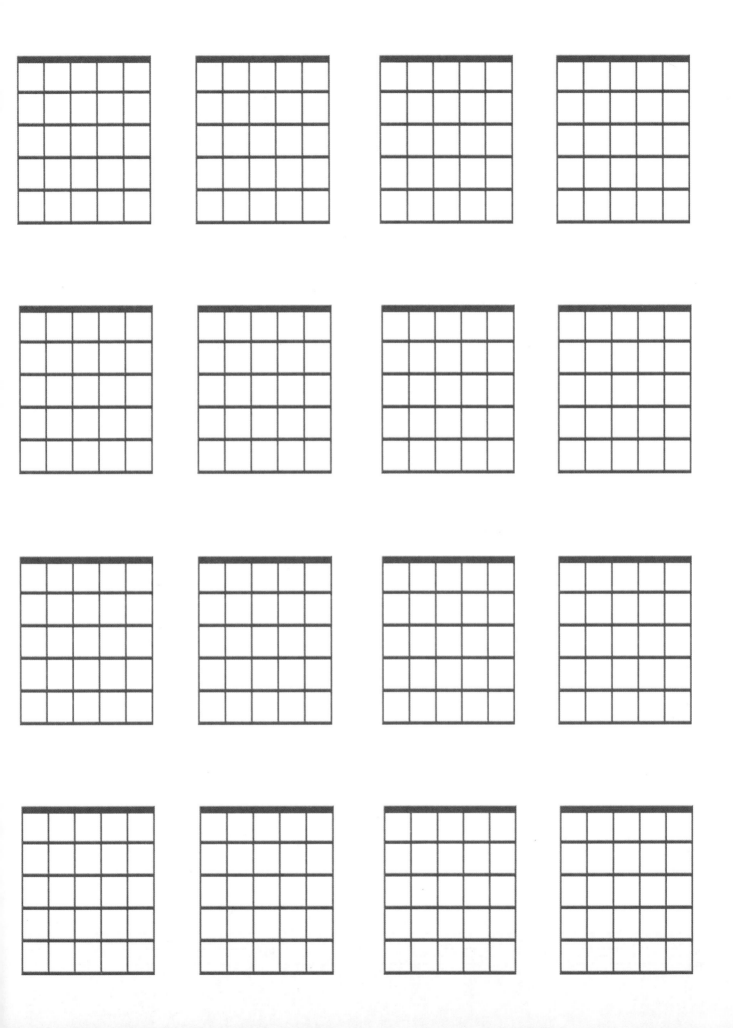

```
T
A
B


T
A
B


T
A
B


T
A
B


T
A
B


T
A
B


T
A
B


T
A
B


T
A
B
```

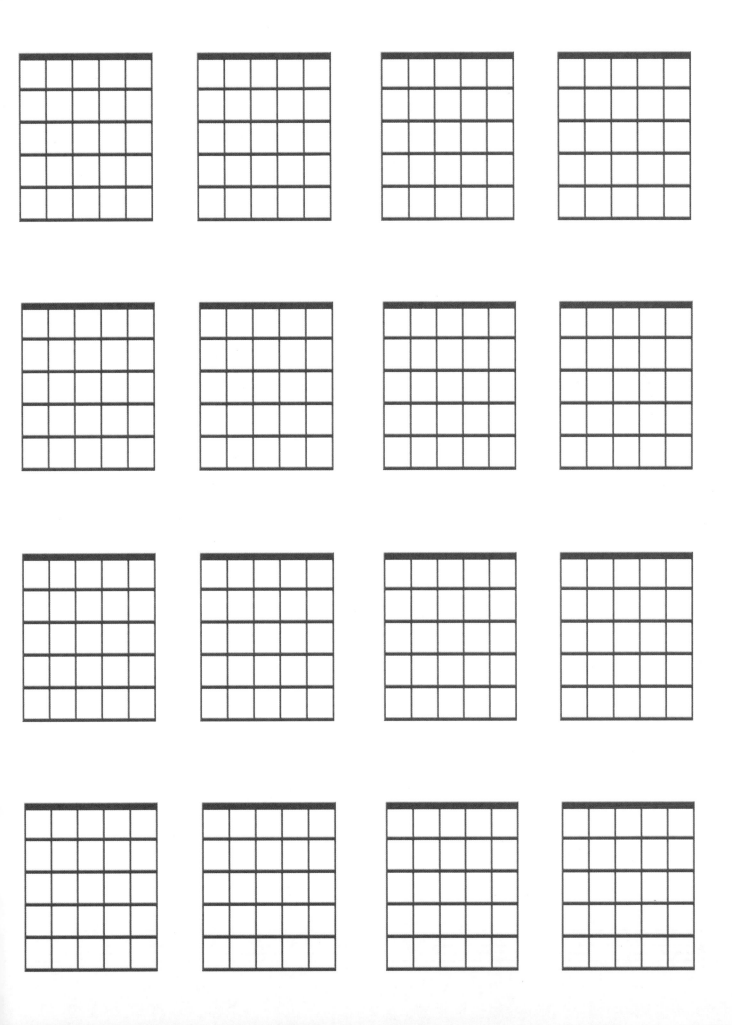

```
T
A
B


T
A
B


T
A
B


T
A
B


T
A
B


T
A
B


T
A
B


T
A
B


T
A
B
```

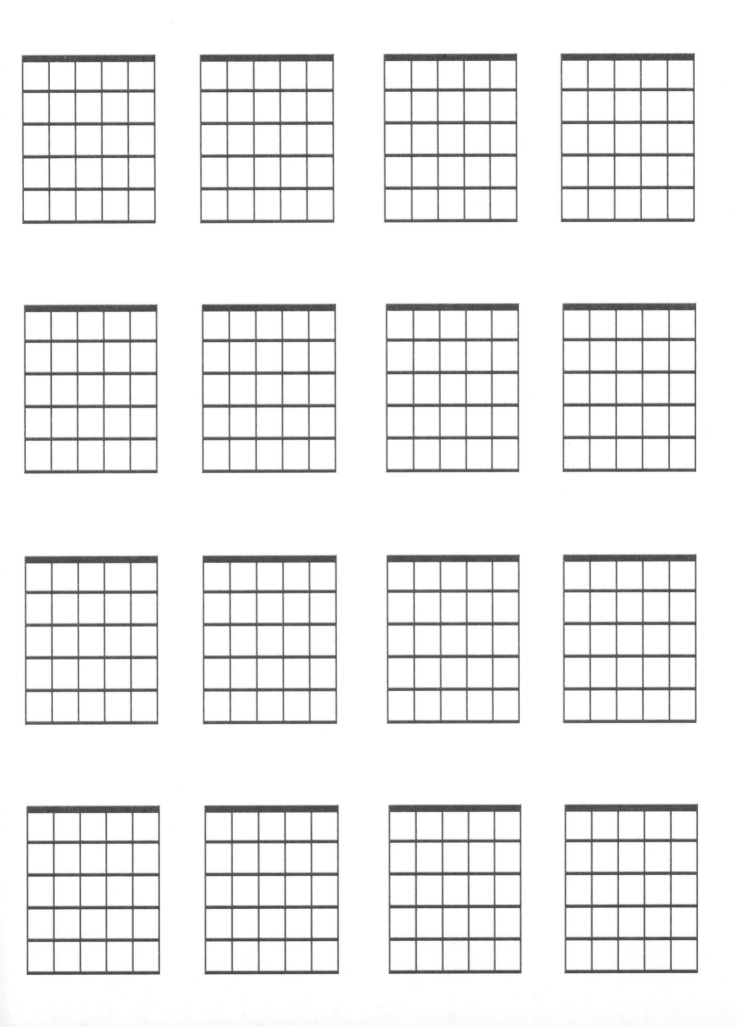

```
T
A
B

T
A
B

T
A
B

T
A
B

T
A
B

T
A
B

T
A
B

T
A
B

T
A
B
```

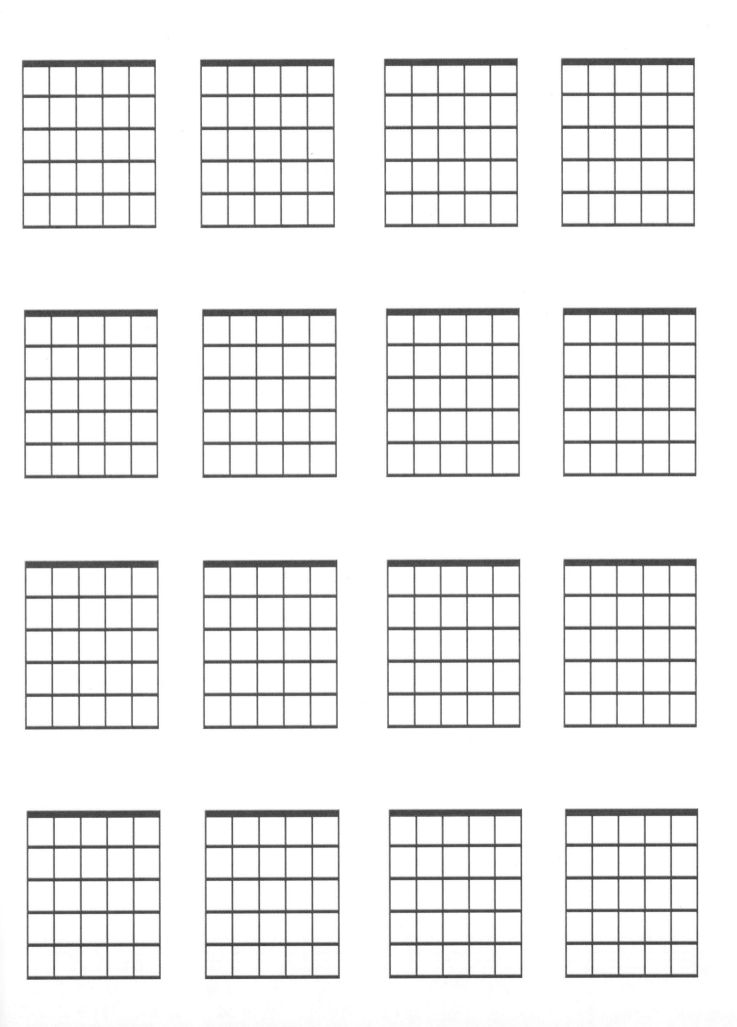

TAB

TAB

TAB

TAB

TAB

TAB

TAB

TAB

TAB

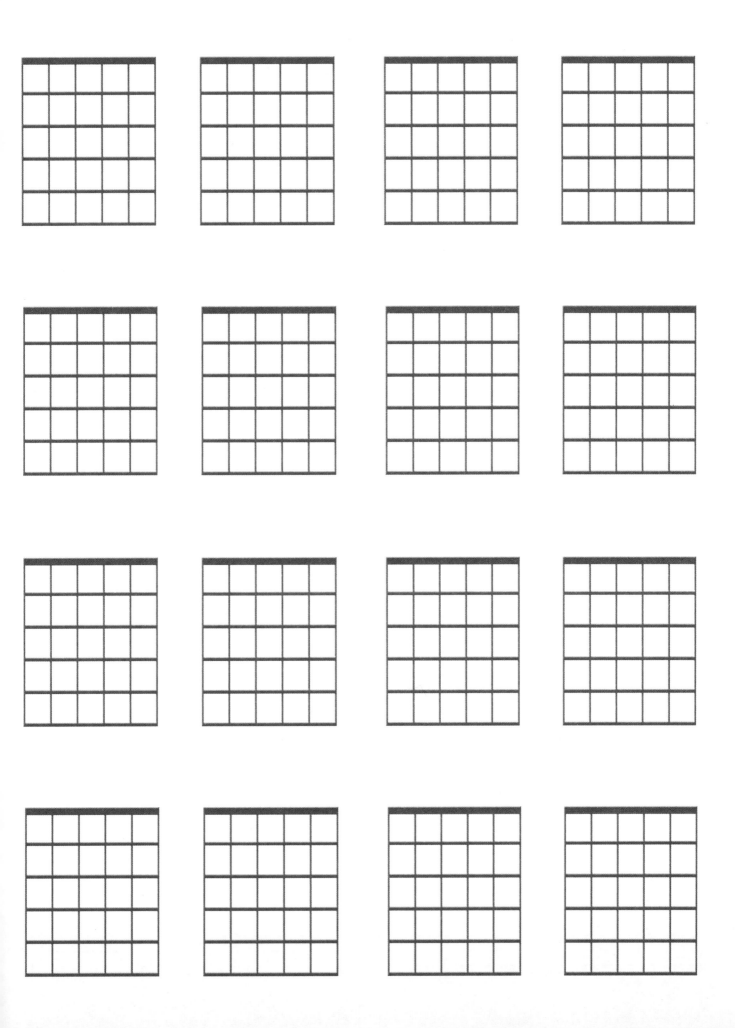

TAB

TAB

TAB

TAB

TAB

TAB

TAB

TAB

TAB

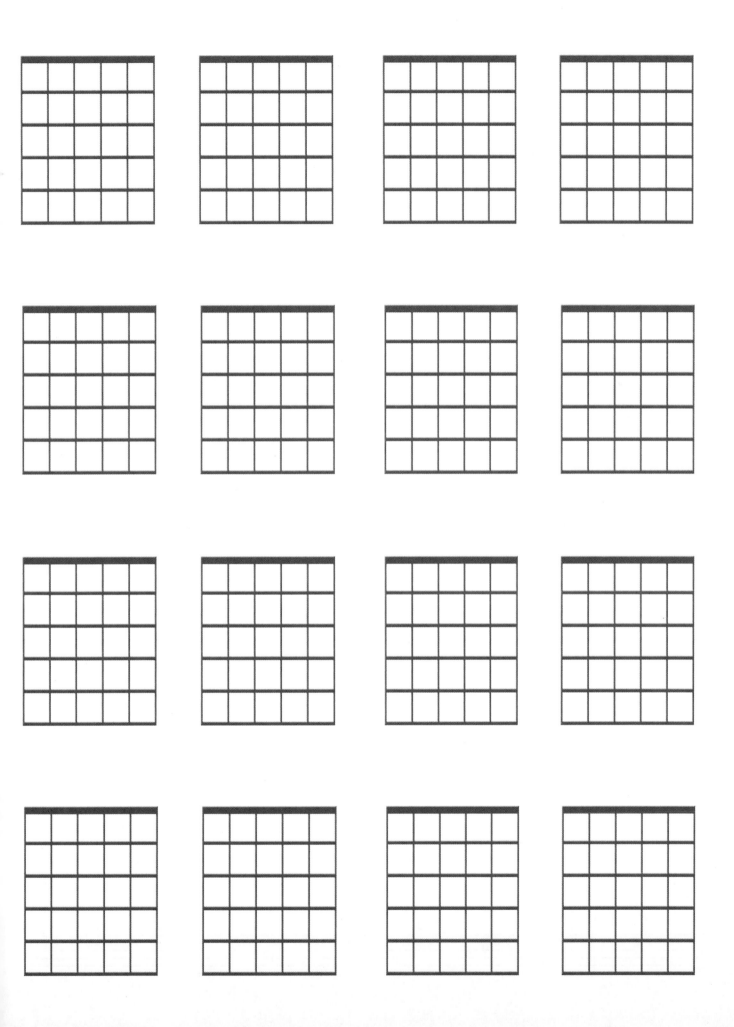

```
T
A
B


T
A
B


T
A
B


T
A
B


T
A
B


T
A
B


T
A
B


T
A
B


T
A
B
```

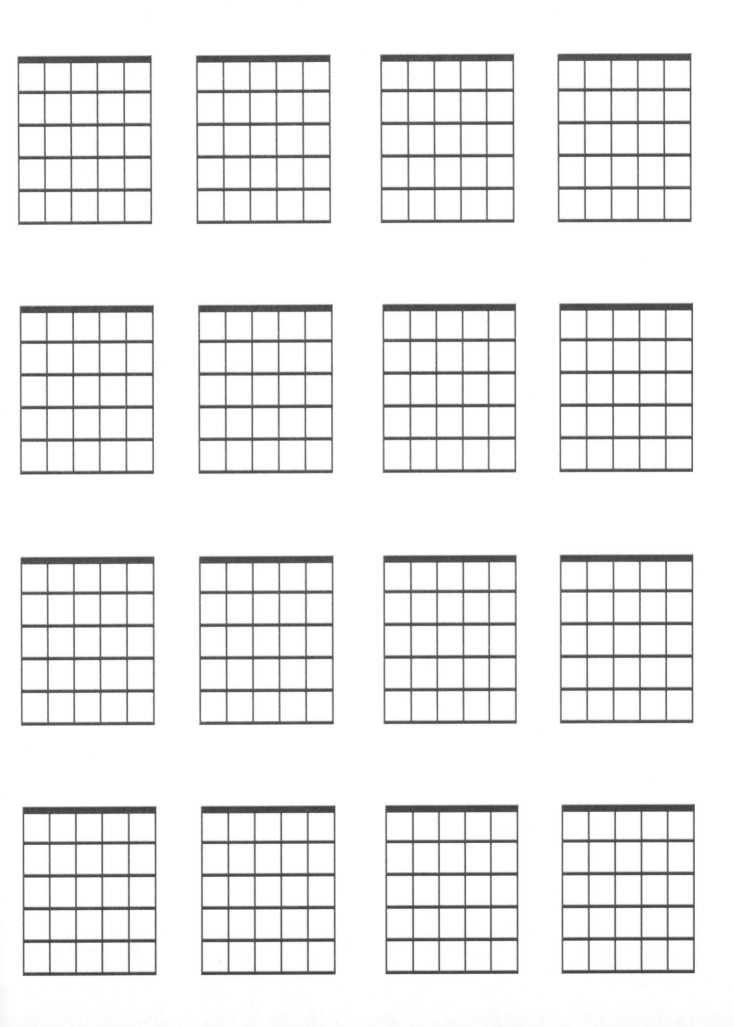

```
T
A
B
```

```
T
A
B
```

```
T
A
B
```

```
T
A
B
```

```
T
A
B
```

```
T
A
B
```

```
T
A
B
```

```
T
A
B
```

```
T
A
B
```

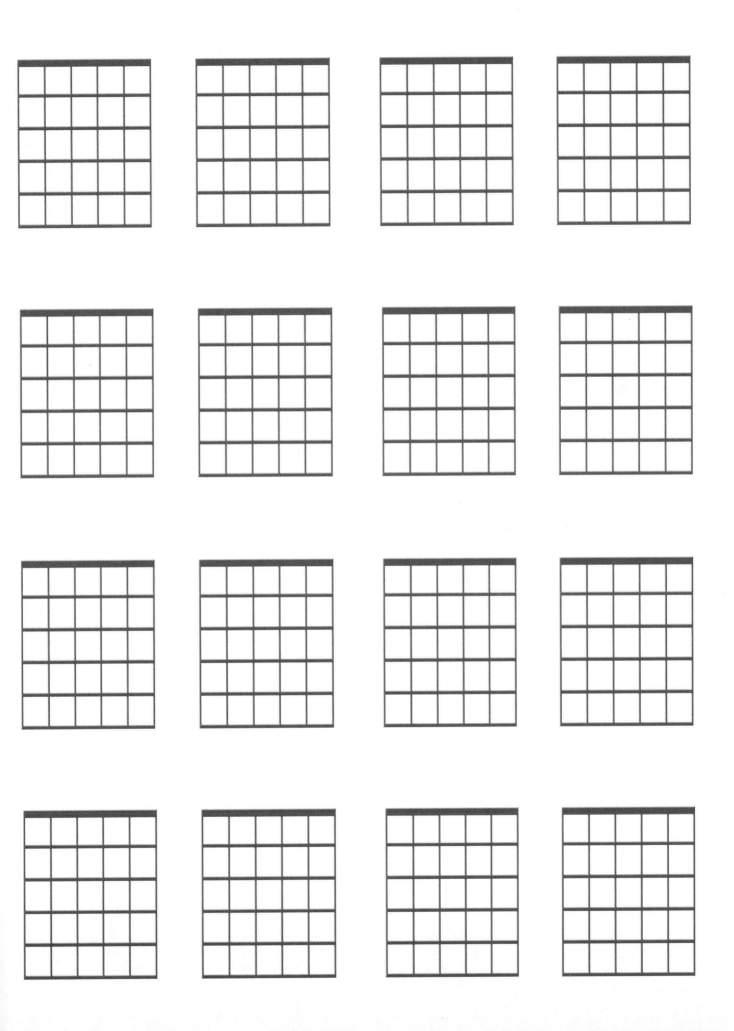

T
A
B

T
A
B

T
A
B

T
A
B

T
A
B

T
A
B

T
A
B

T
A
B

T
A
B

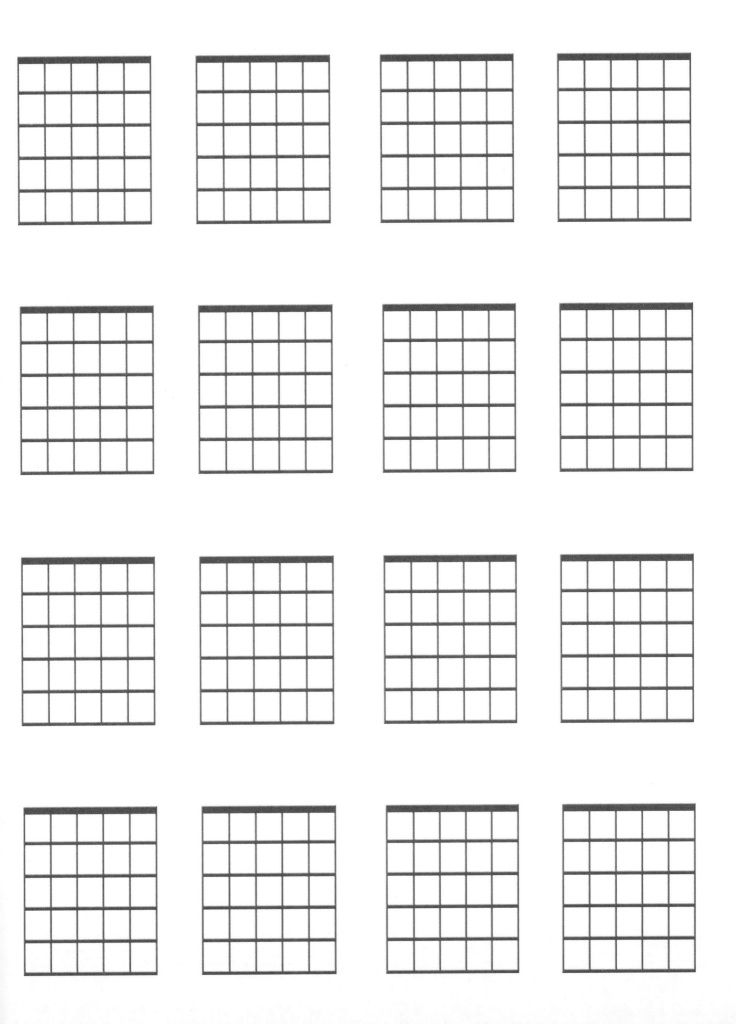

```
T
A
B
```

```
T
A
B
```

```
T
A
B
```

```
T
A
B
```

```
T
A
B
```

```
T
A
B
```

```
T
A
B
```

```
T
A
B
```

```
T
A
B
```

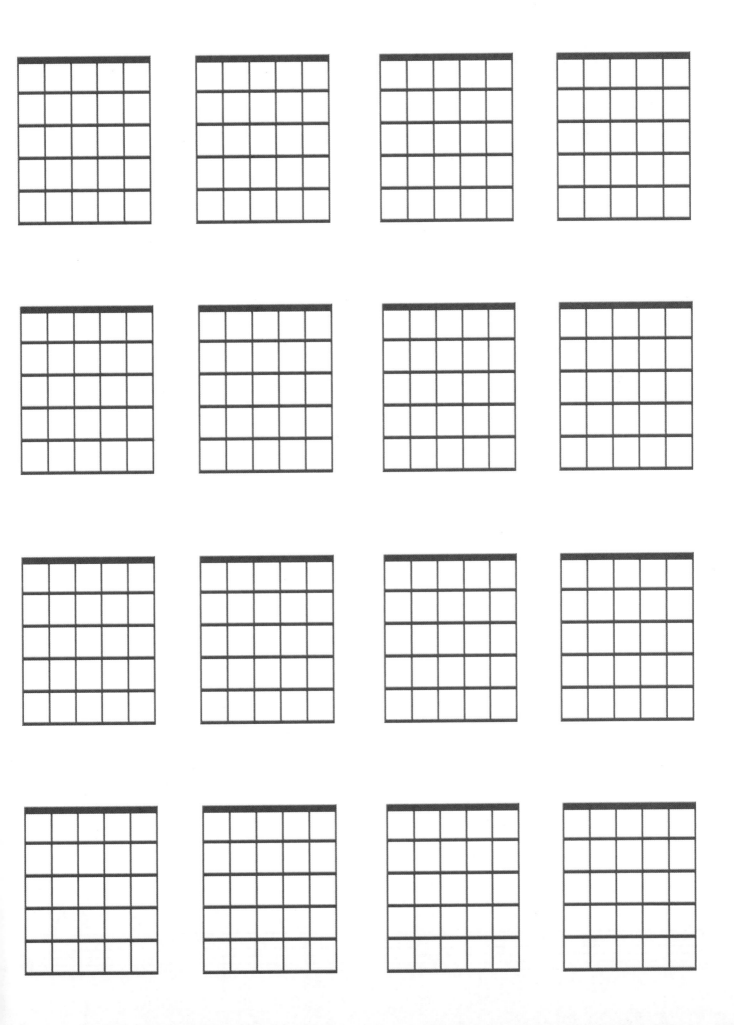

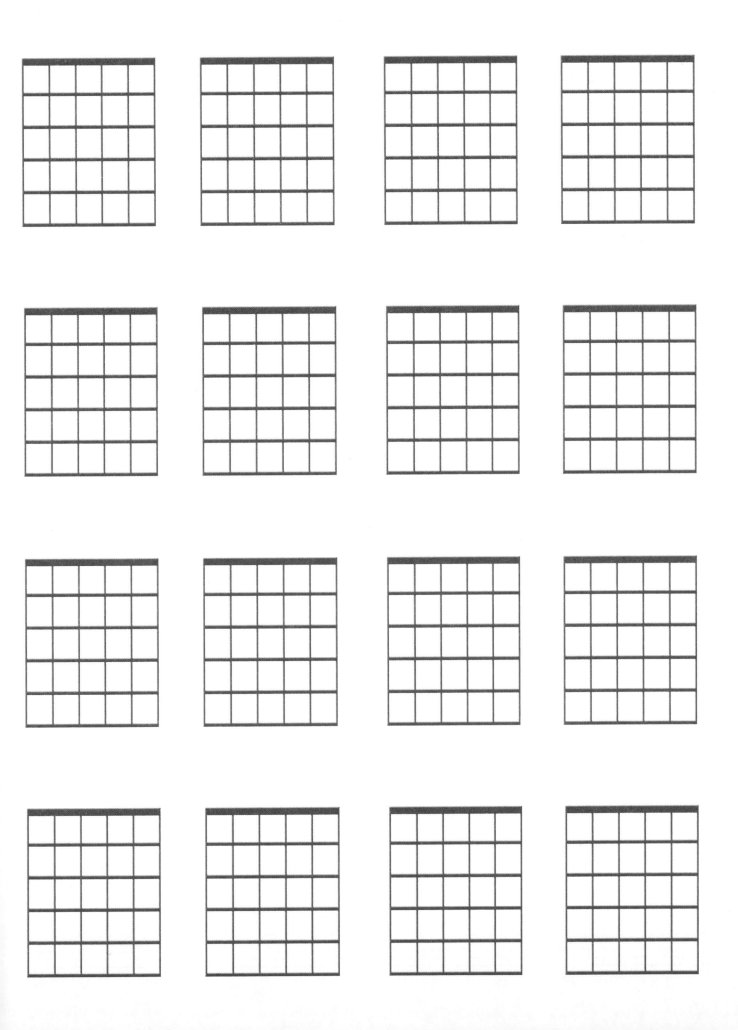

T
A
B

T
A
B

T
A
B

T
A
B

T
A
B

T
A
B

T
A
B

T
A
B

T
A
B

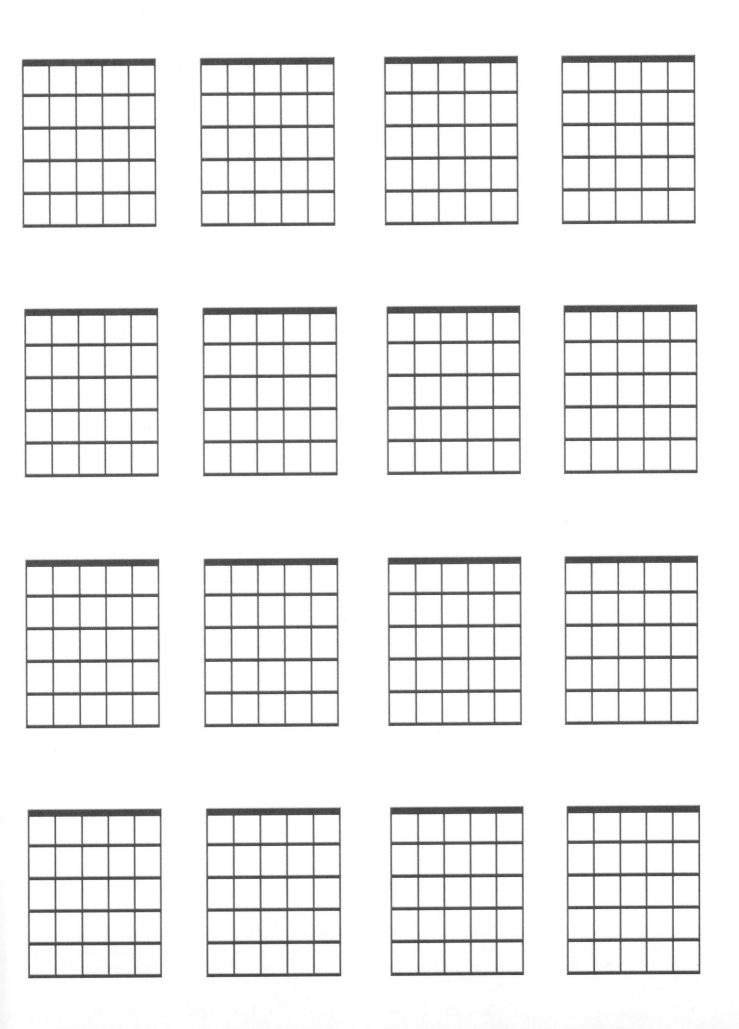

```
T
A
B


T
A
B


T
A
B


T
A
B


T
A
B


T
A
B


T
A
B


T
A
B


T
A
B
```

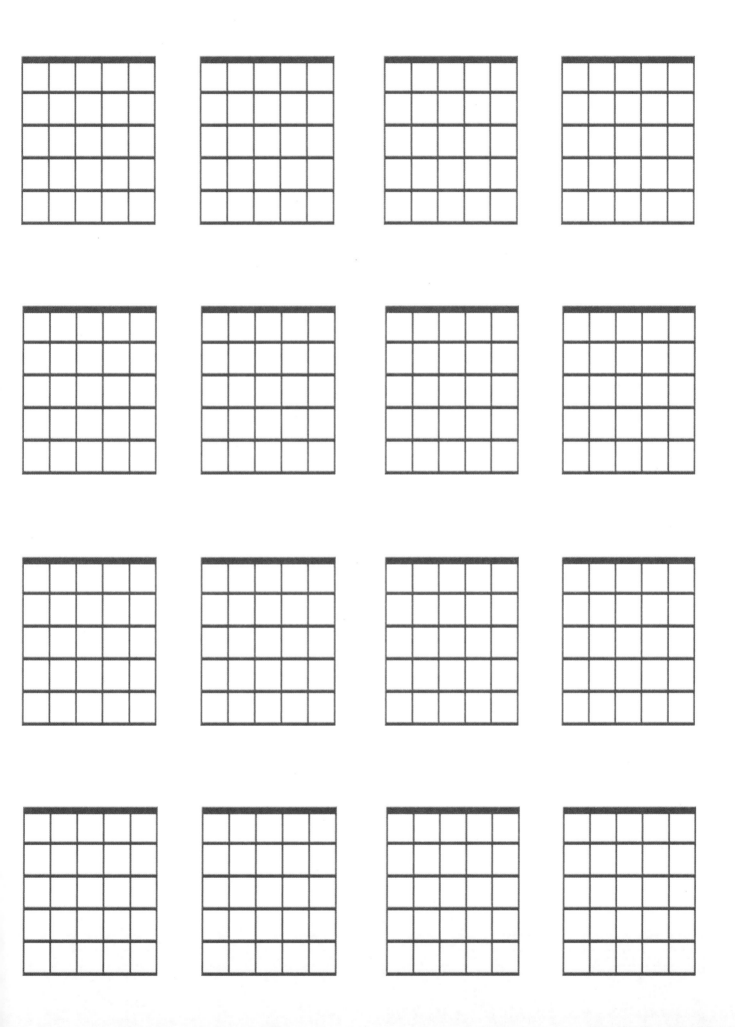

```
T
A
B

T
A
B

T
A
B

T
A
B

T
A
B

T
A
B

T
A
B

T
A
B

T
A
B
```

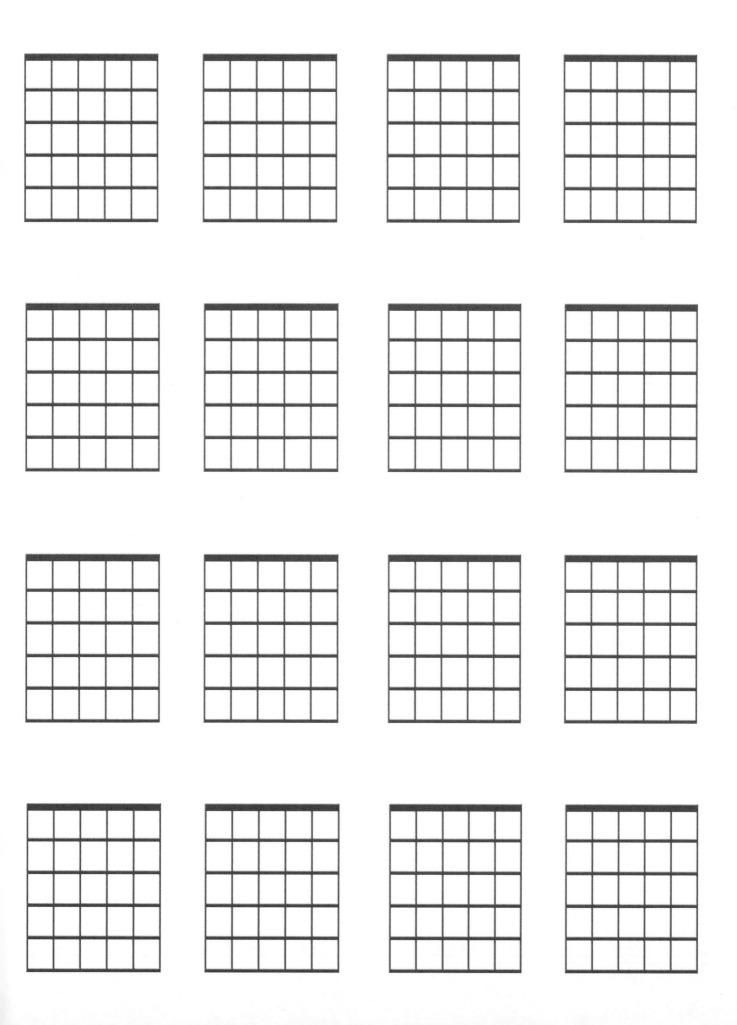

TAB

TAB

TAB

TAB

TAB

TAB

TAB

TAB

TAB

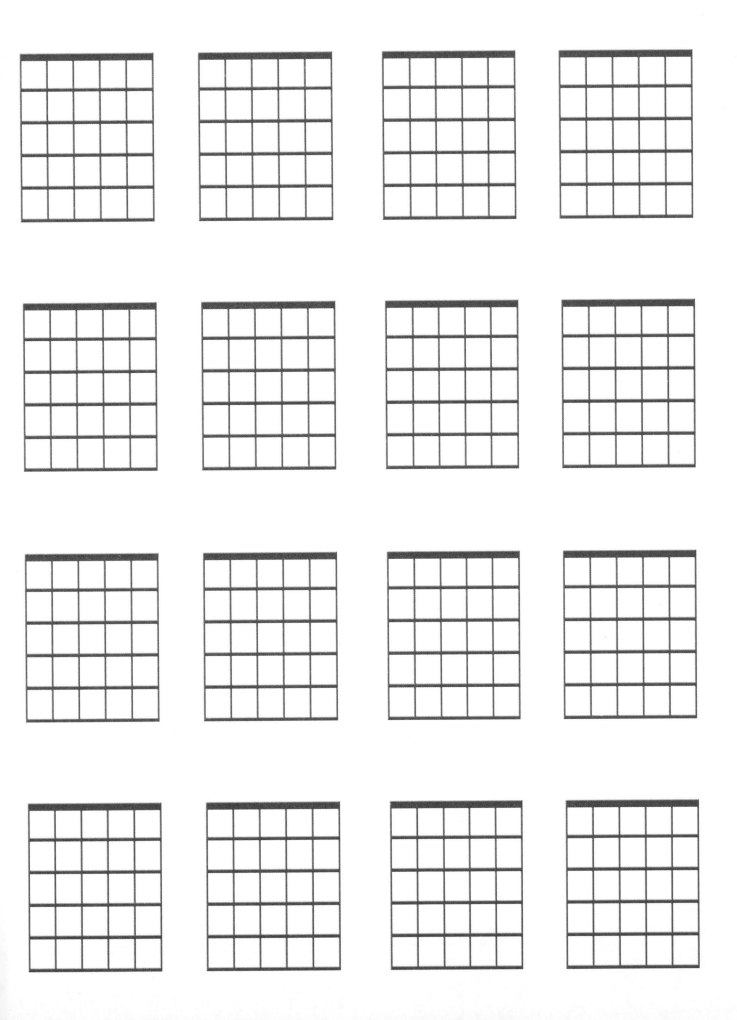

```
T
A
B


T
A
B


T
A
B


T
A
B


T
A
B


T
A
B


T
A
B


T
A
B


T
A
B
```

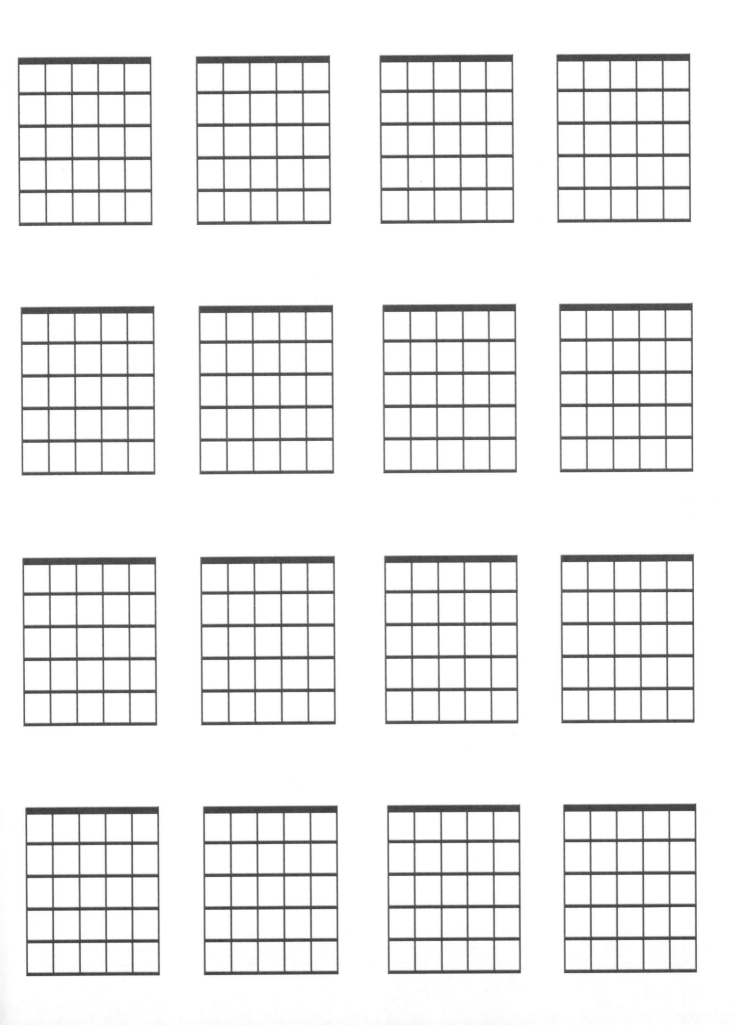

```
T
A
B

T
A
B

T
A
B

T
A
B

T
A
B

T
A
B

T
A
B

T
A
B

T
A
B
```

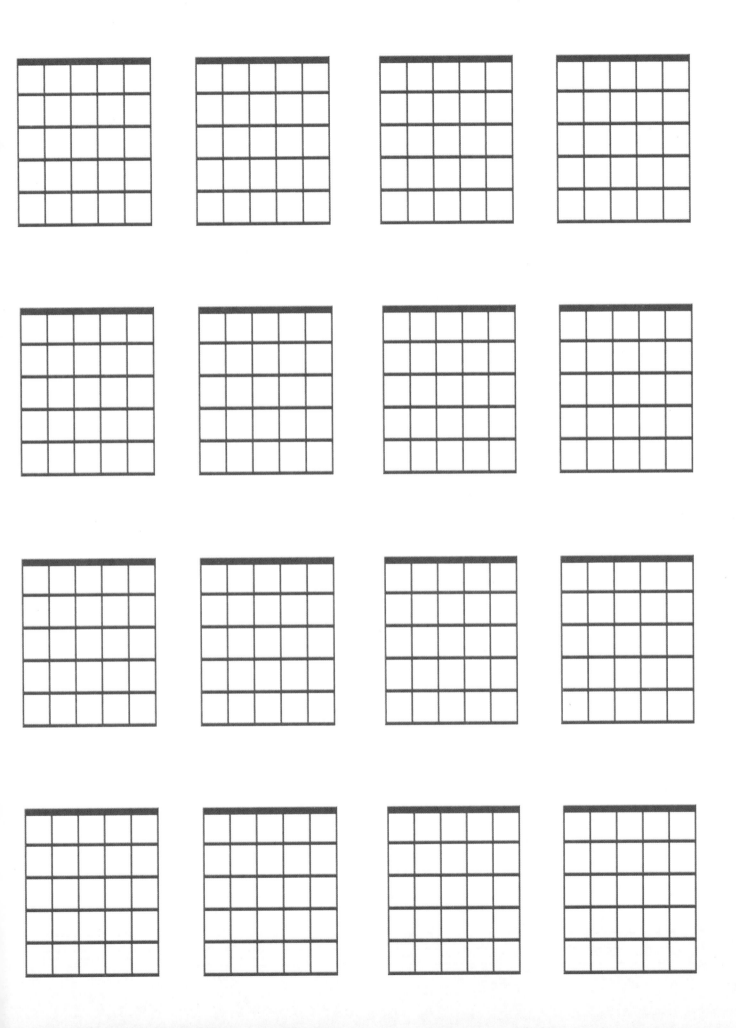

```
T
A
B


T
A
B


T
A
B


T
A
B


T
A
B


T
A
B


T
A
B


T
A
B


T
A
B
```

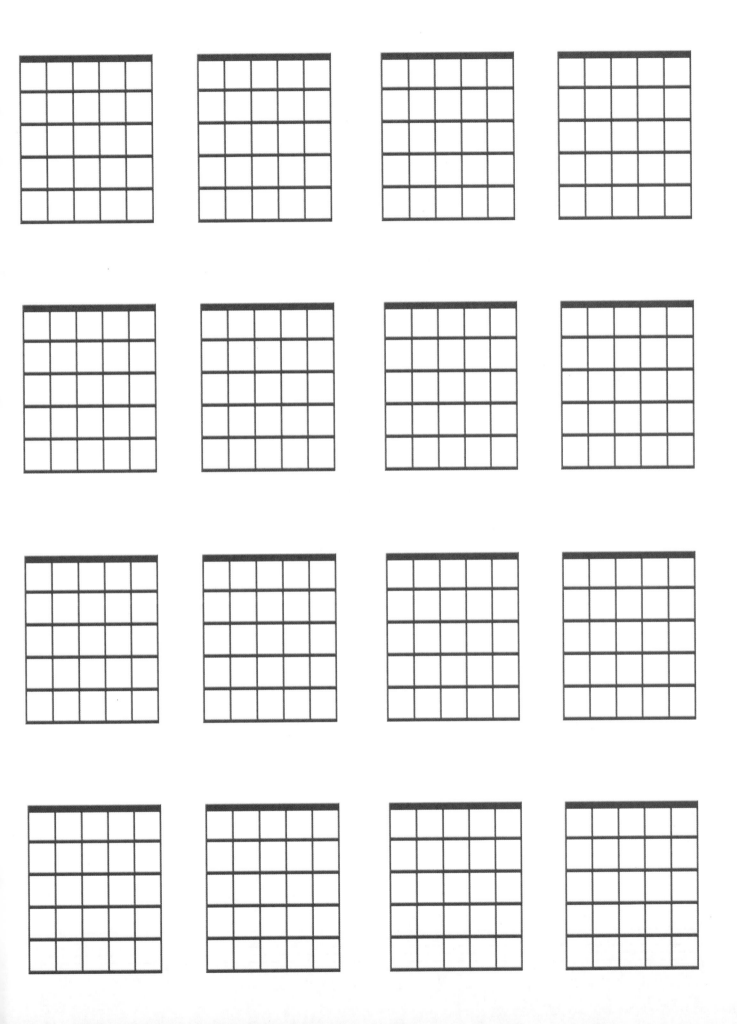

T
A
B

T
A
B

T
A
B

T
A
B

T
A
B

T
A
B

T
A
B

T
A
B

T
A
B

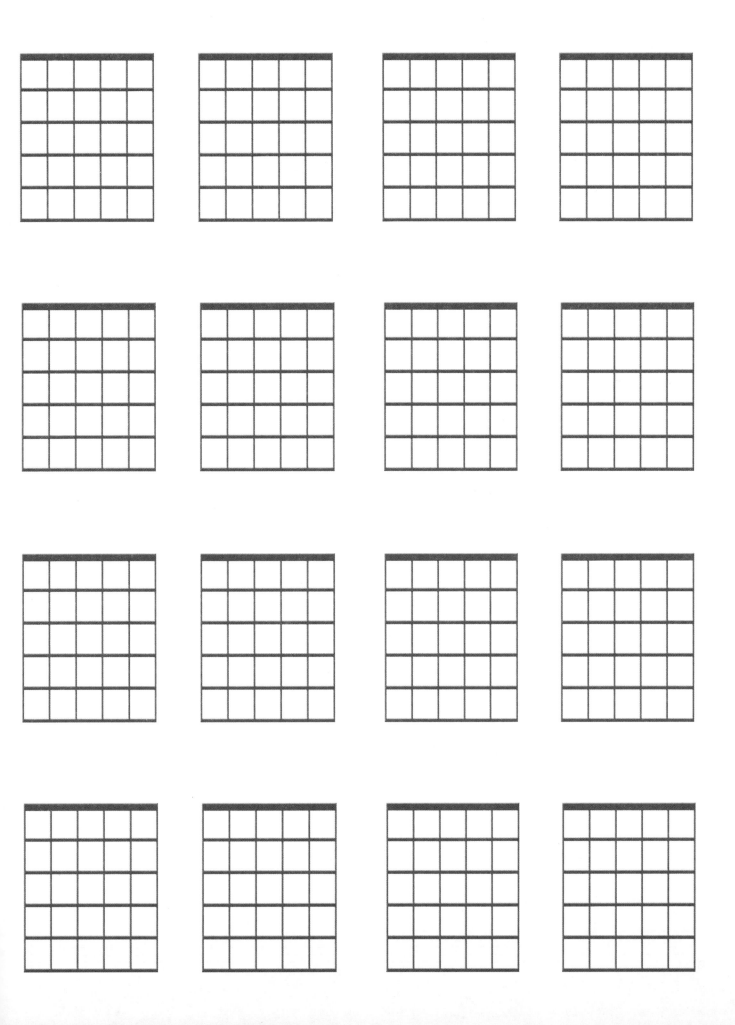

```
T
A
B
```

```
T
A
B
```

```
T
A
B
```

```
T
A
B
```

```
T
A
B
```

```
T
A
B
```

```
T
A
B
```

```
T
A
B
```

```
T
A
B
```

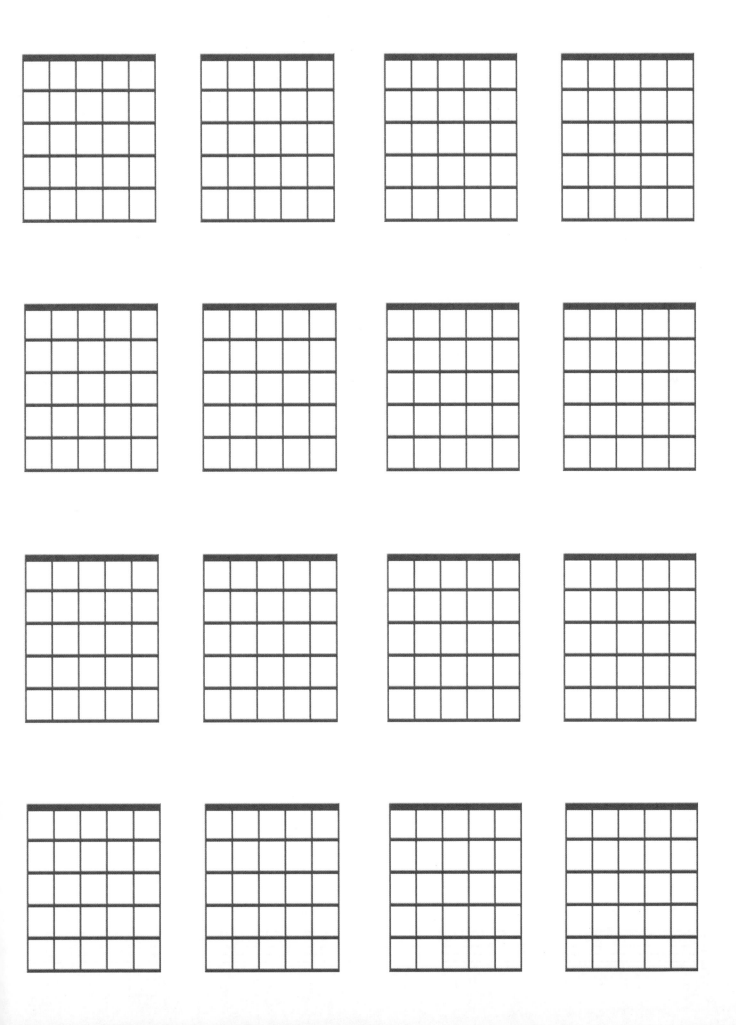

TAB

TAB

TAB

TAB

TAB

TAB

TAB

TAB

TAB

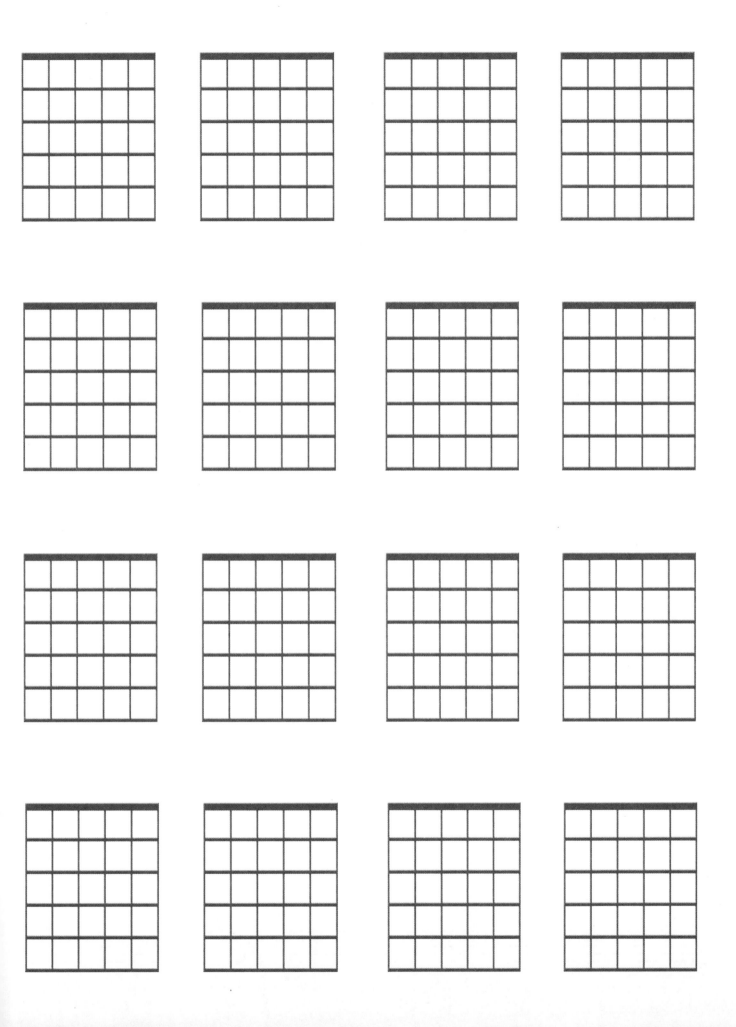

```
T
A
B
```

```
T
A
B
```

```
T
A
B
```

```
T
A
B
```

```
T
A
B
```

```
T
A
B
```

```
T
A
B
```

```
T
A
B
```

```
T
A
B
```

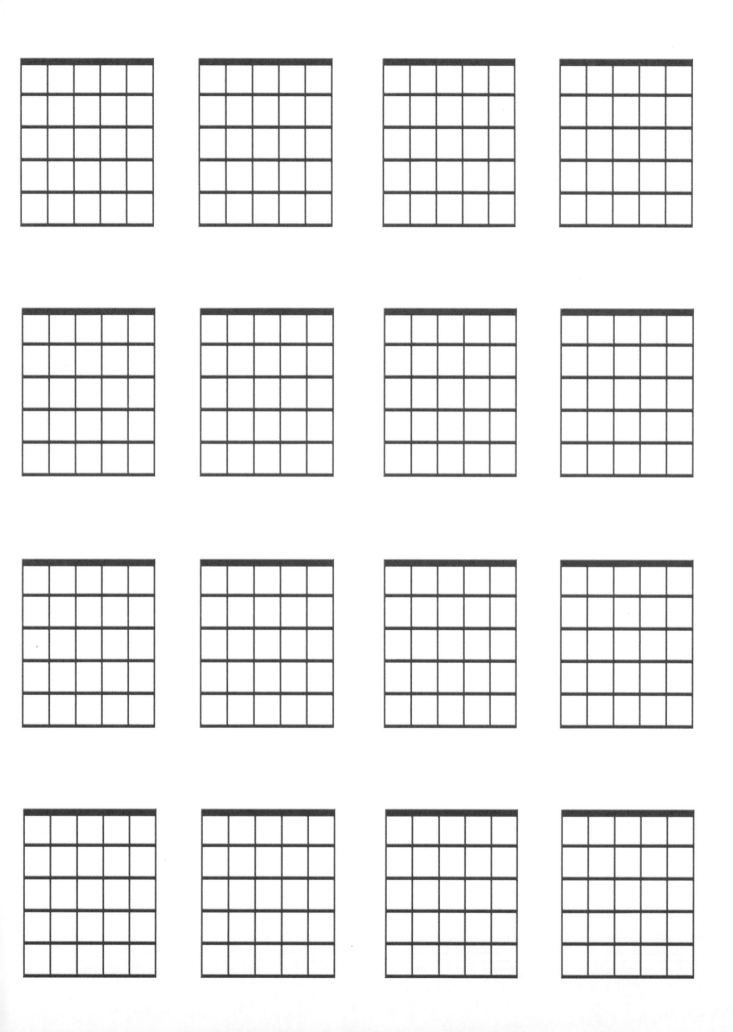

```
T
A
B


T
A
B


T
A
B


T
A
B


T
A
B


T
A
B


T
A
B


T
A
B


T
A
B
```

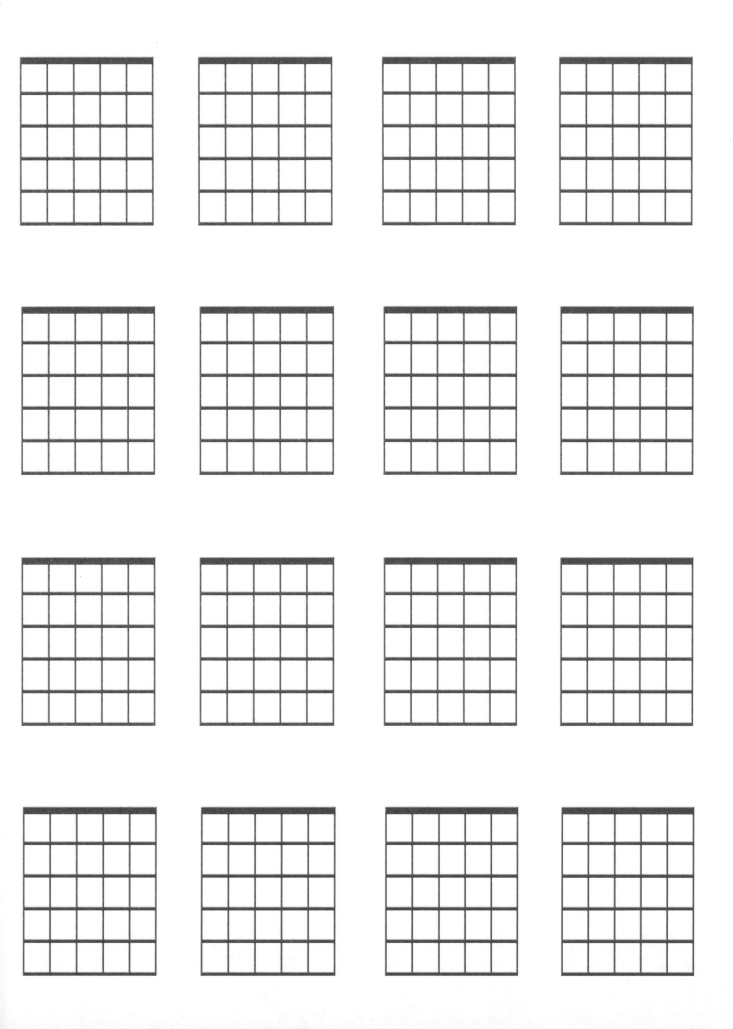

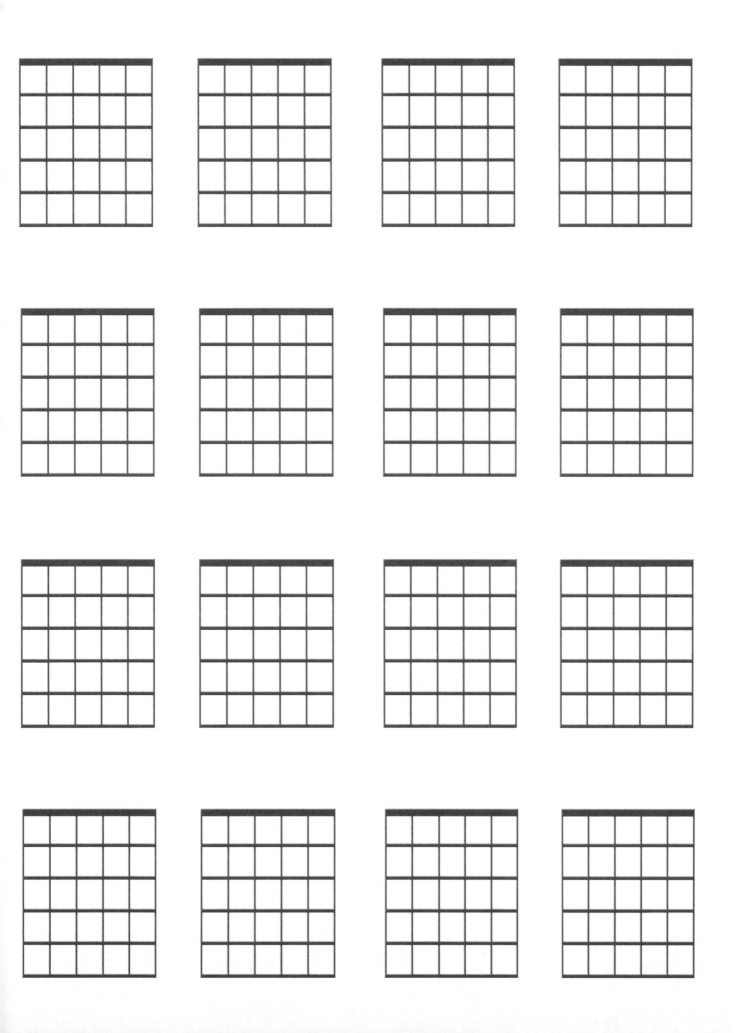

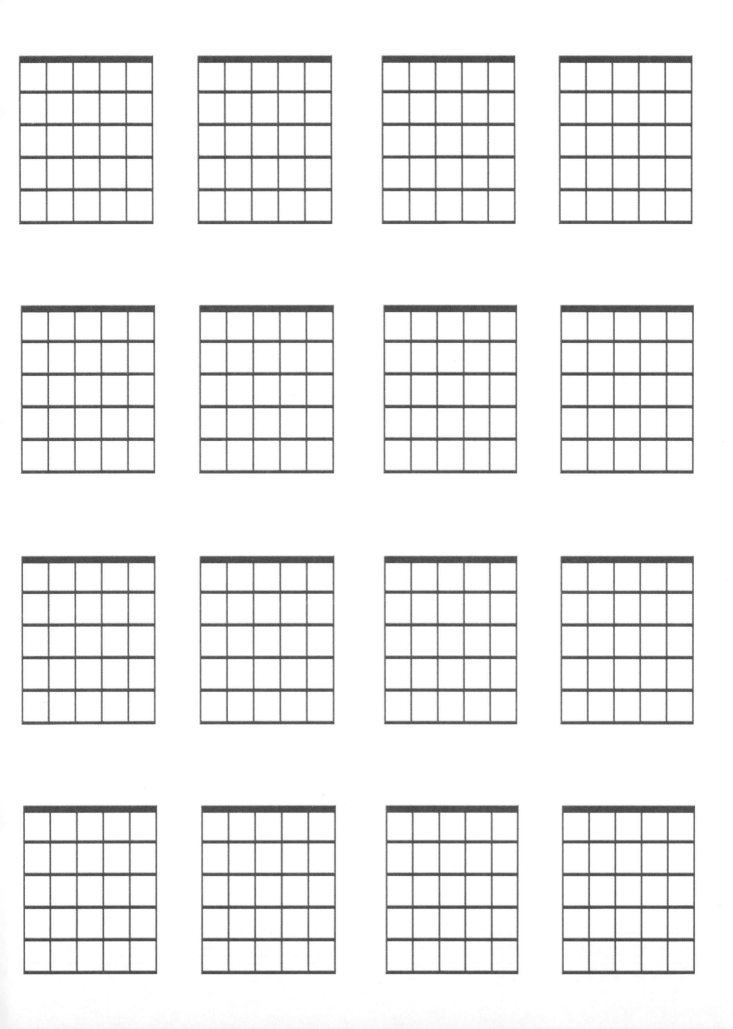

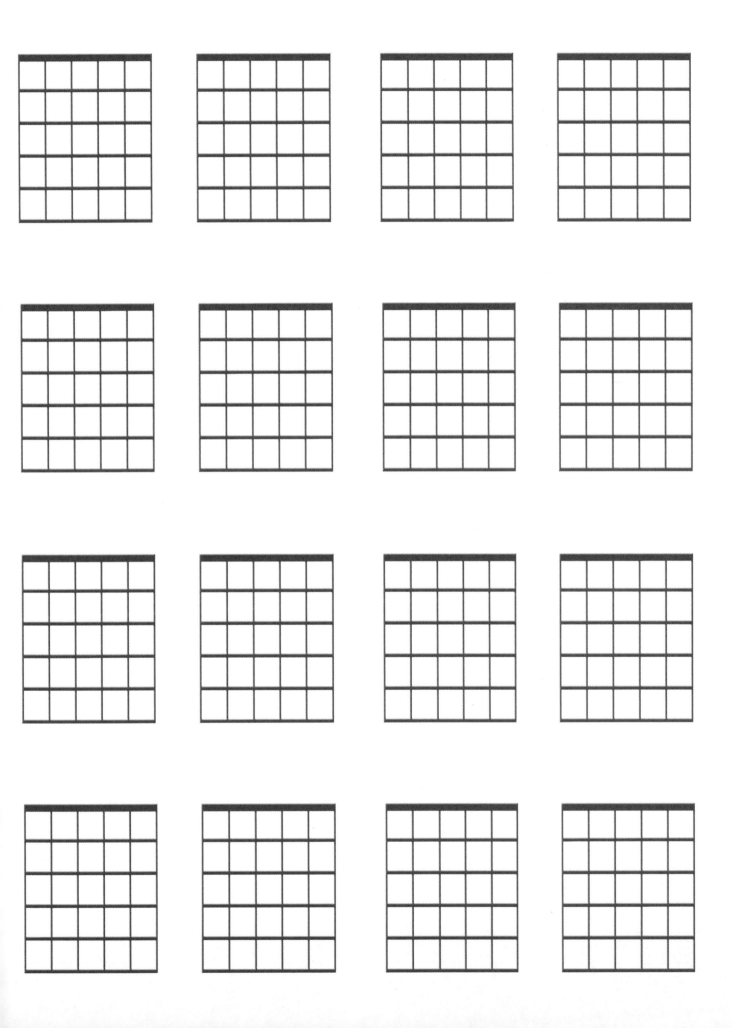

TAB

TAB

TAB

TAB

TAB

TAB

TAB

TAB

TAB

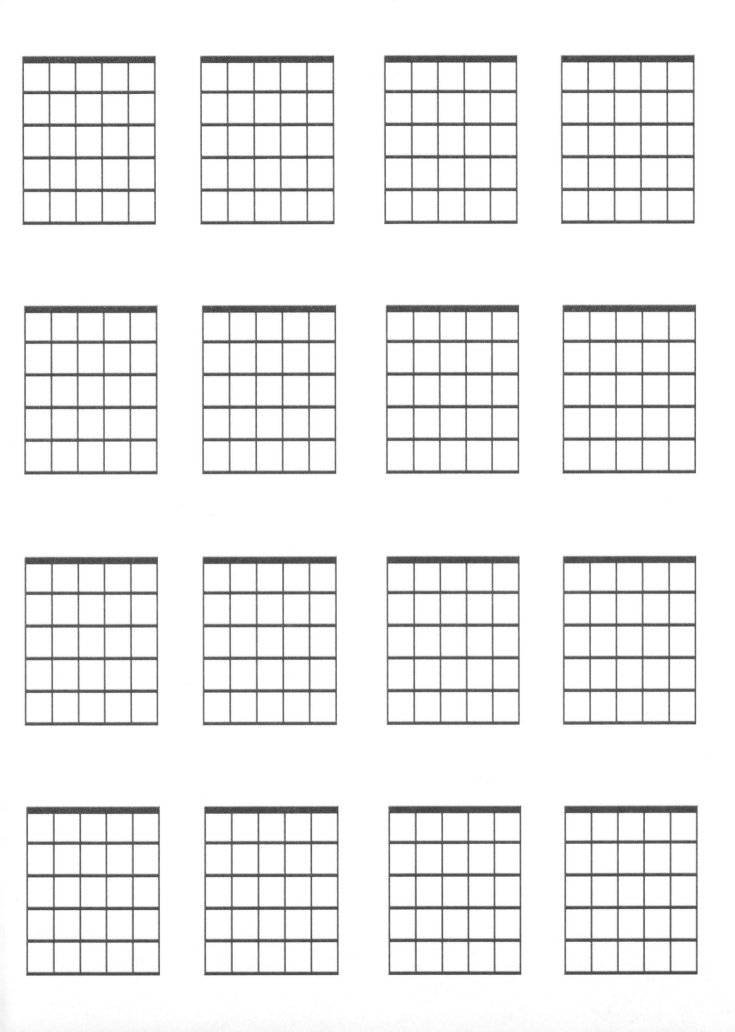

T
A
B

T
A
B

T
A
B

T
A
B

T
A
B

T
A
B

T
A
B

T
A
B

T
A
B

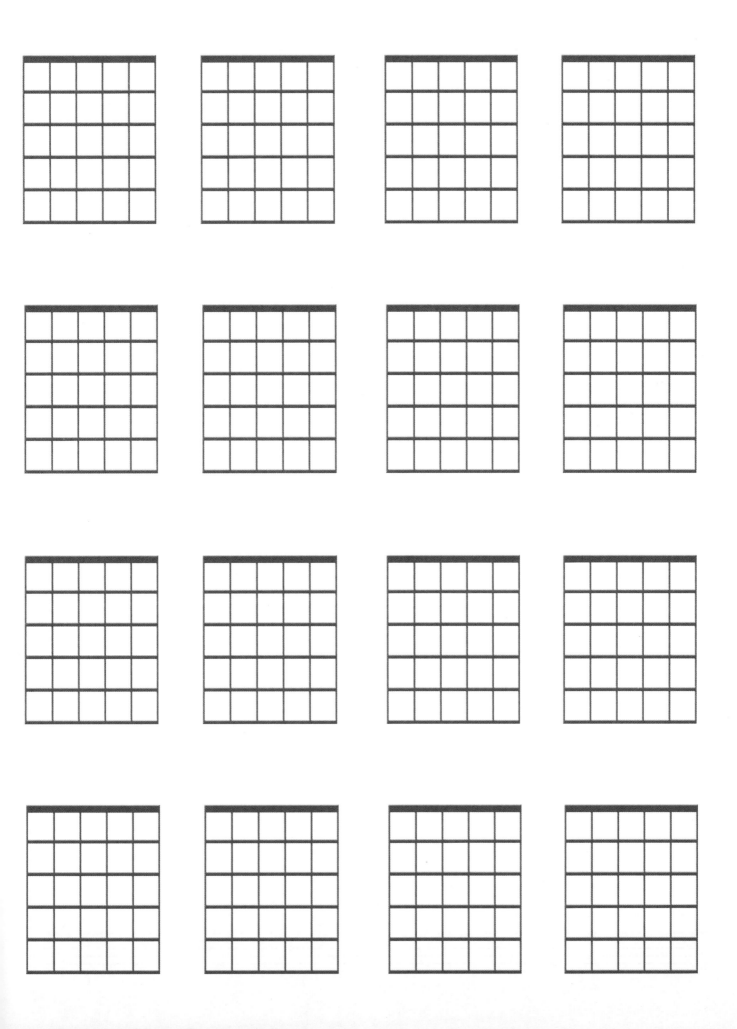

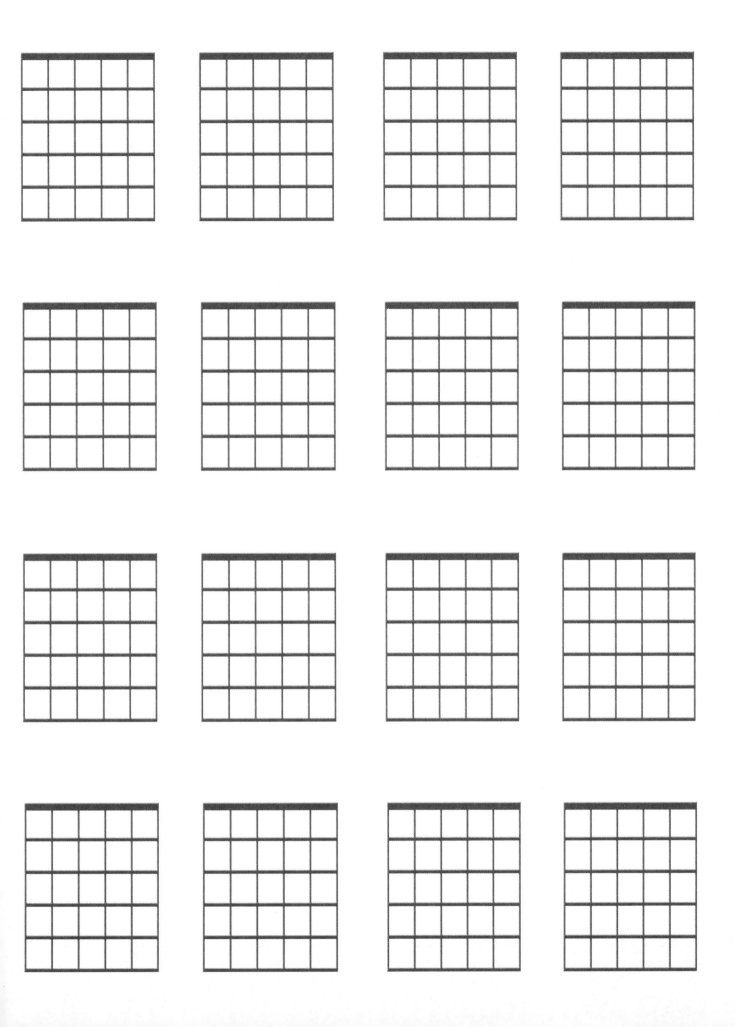

T
A
B

T
A
B

T
A
B

T
A
B

T
A
B

T
A
B

T
A
B

T
A
B

T
A
B

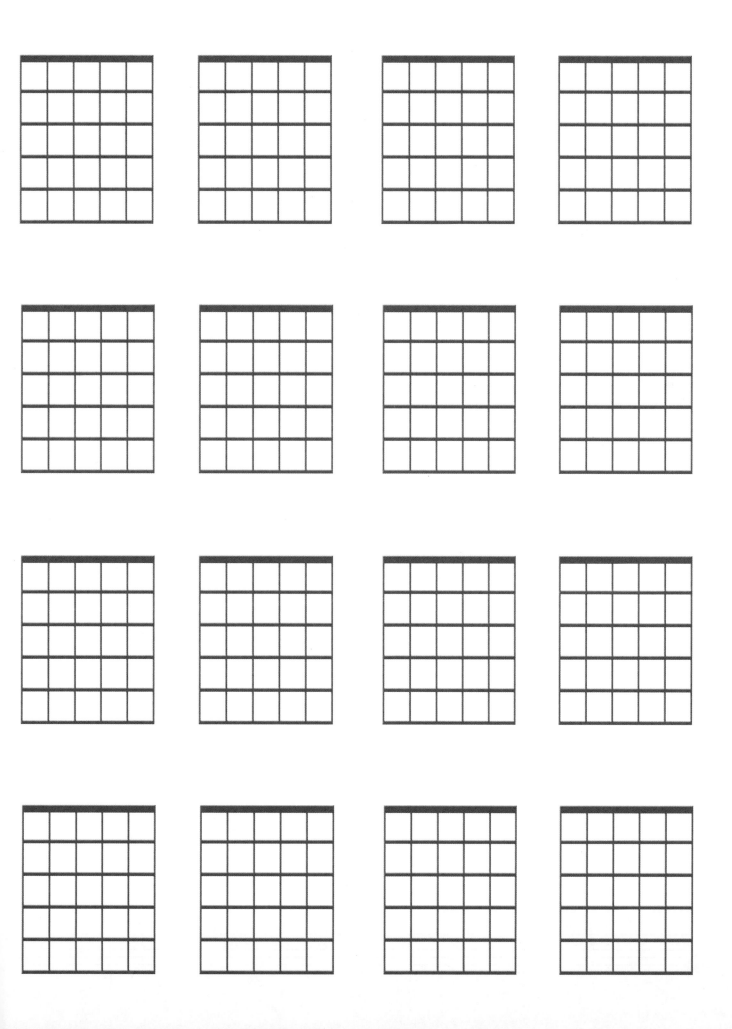

```
T
A
B

T
A
B

T
A
B

T
A
B

T
A
B

T
A
B

T
A
B

T
A
B

T
A
B
```

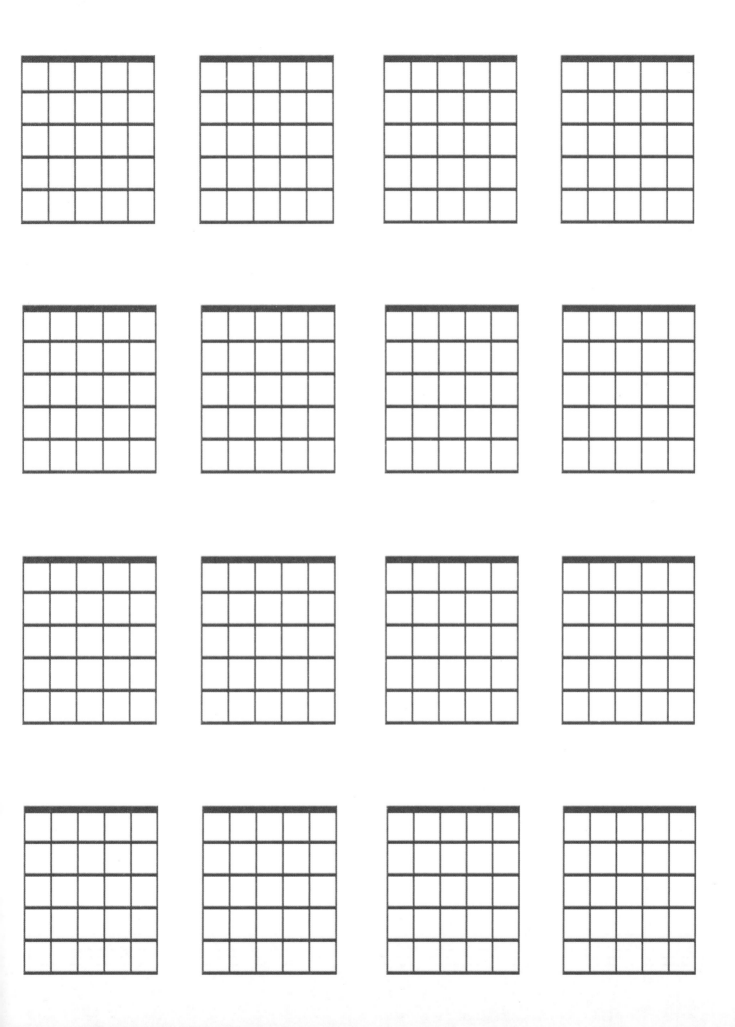

TAB

TAB

TAB

TAB

TAB

TAB

TAB

TAB

TAB

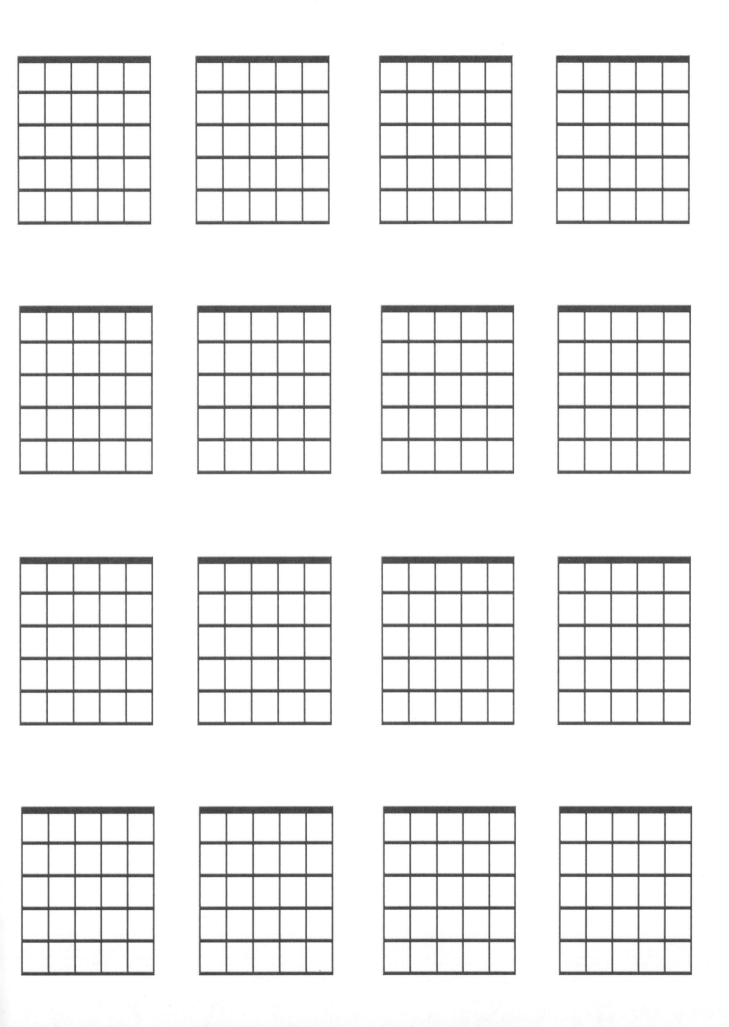

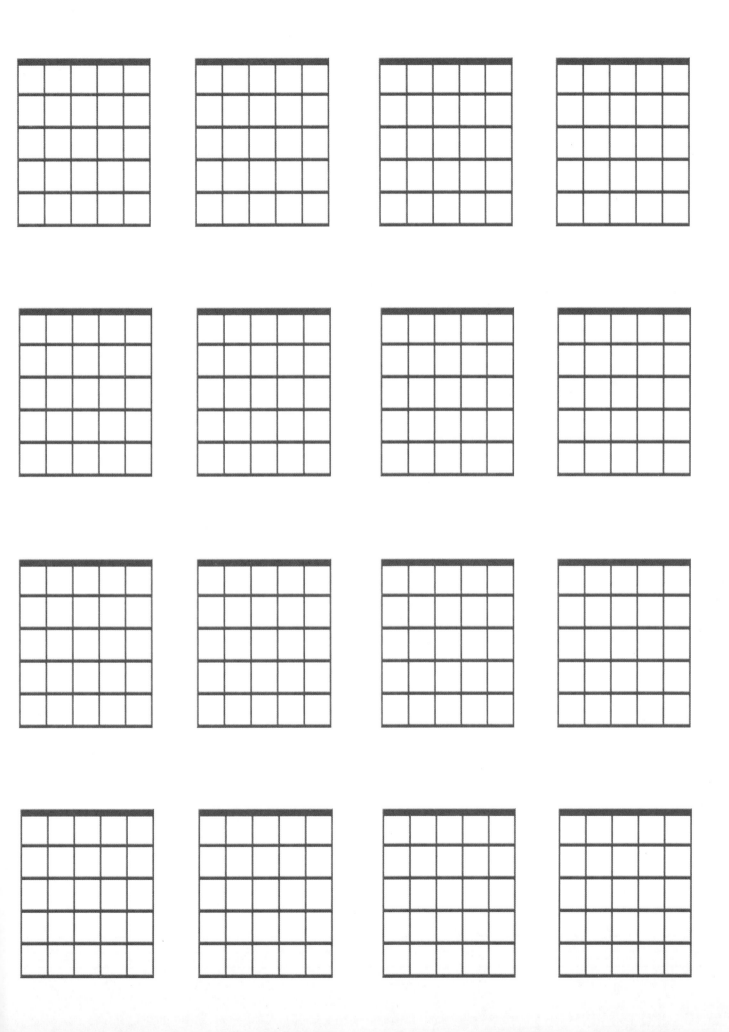

```
T
A
B


T
A
B


T
A
B


T
A
B


T
A
B


T
A
B


T
A
B


T
A
B


T
A
B
```

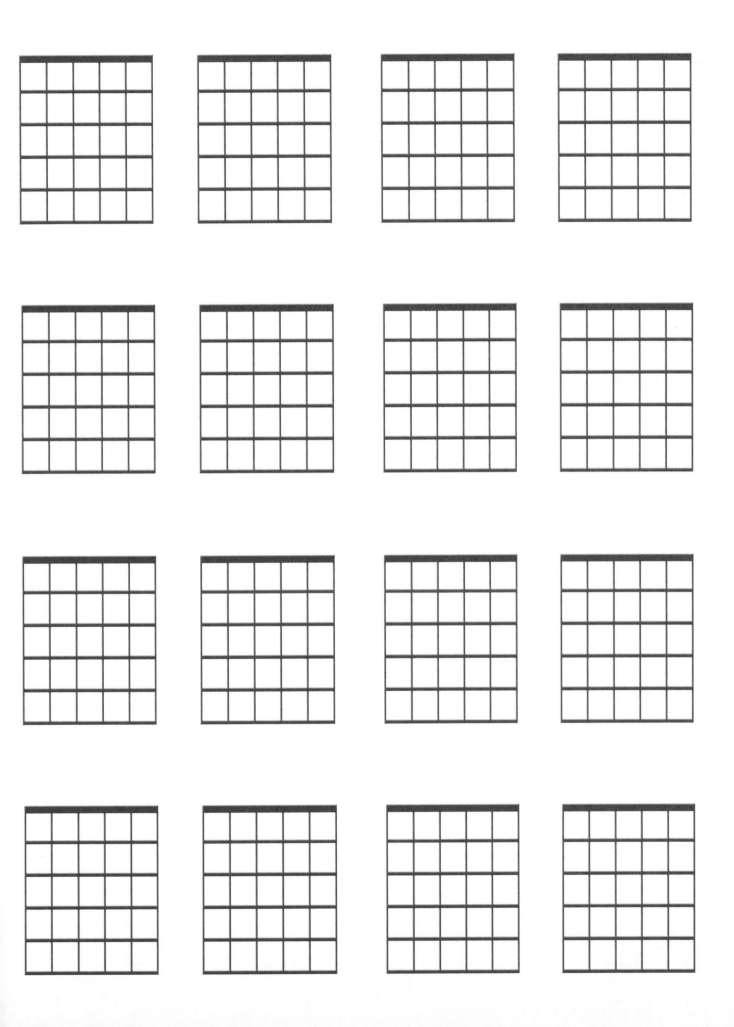

```
T
A
B

T
A
B

T
A
B

T
A
B

T
A
B

T
A
B

T
A
B

T
A
B

T
A
B
```

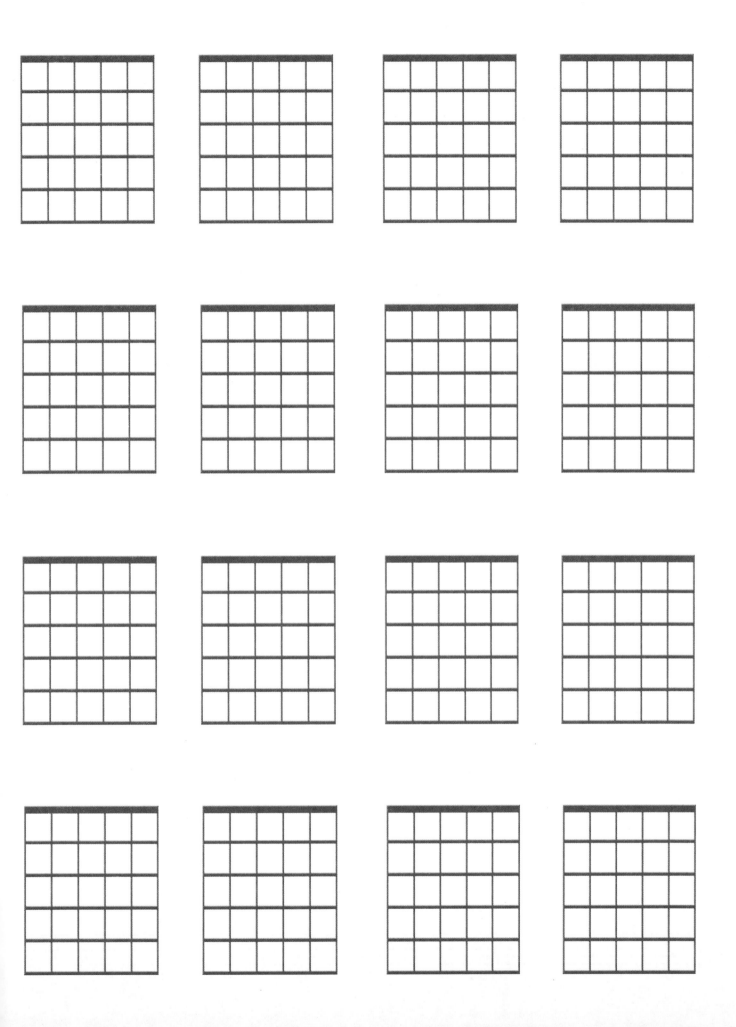

TAB

TAB

TAB

TAB

TAB

TAB

TAB

TAB

TAB

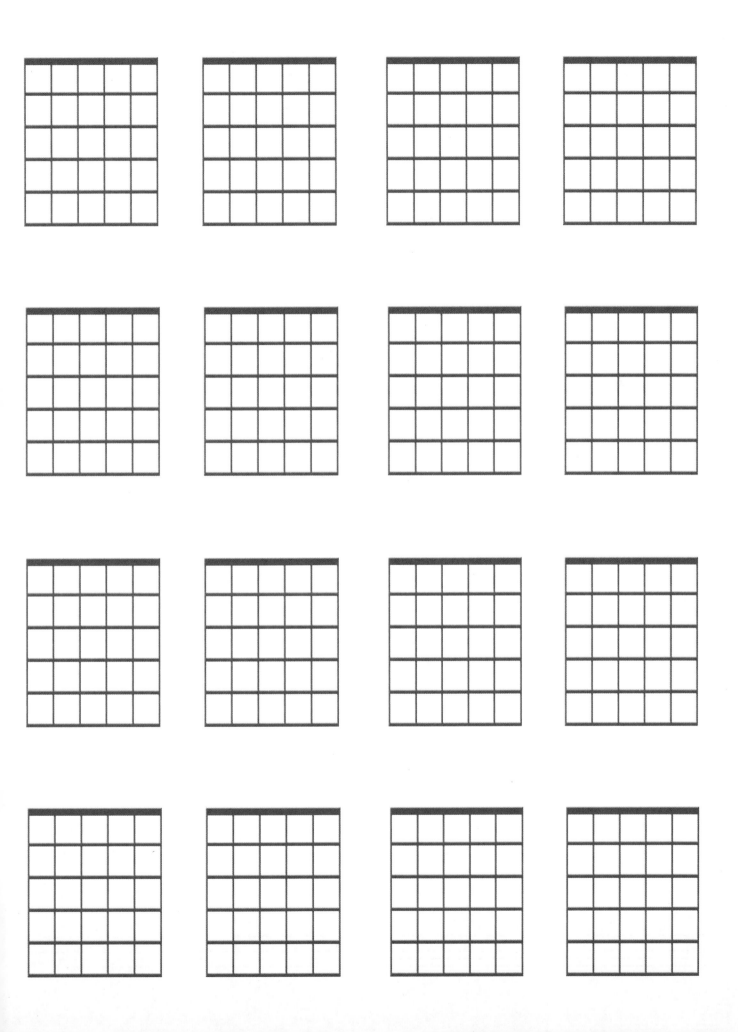

```
T
A
B


T
A
B


T
A
B


T
A
B


T
A
B


T
A
B


T
A
B


T
A
B


T
A
B
```

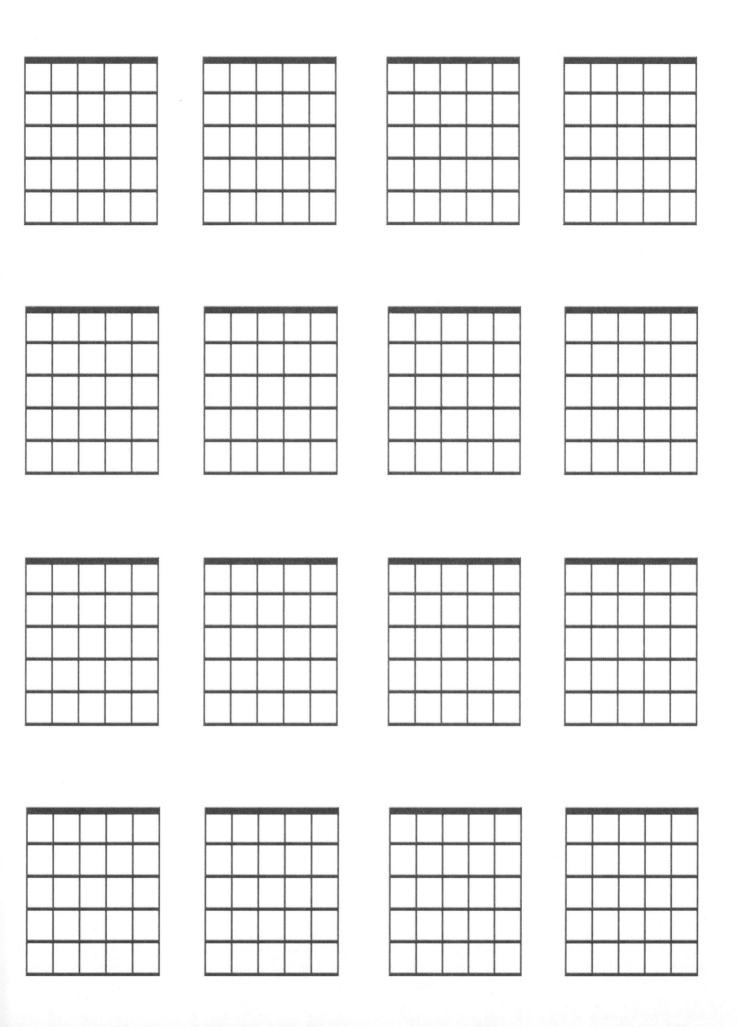

T
A
B

T
A
B

T
A
B

T
A
B

T
A
B

T
A
B

T
A
B

T
A
B

T
A
B

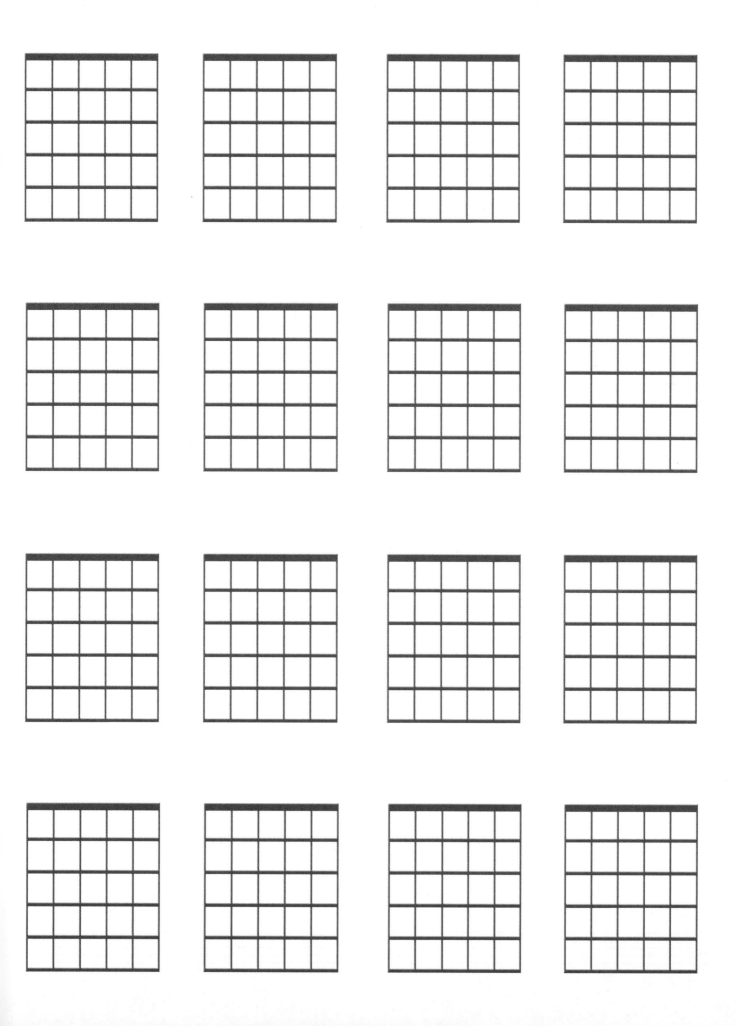

```
T
A
B


T
A
B


T
A
B


T
A
B


T
A
B


T
A
B


T
A
B


T
A
B


T
A
B
```

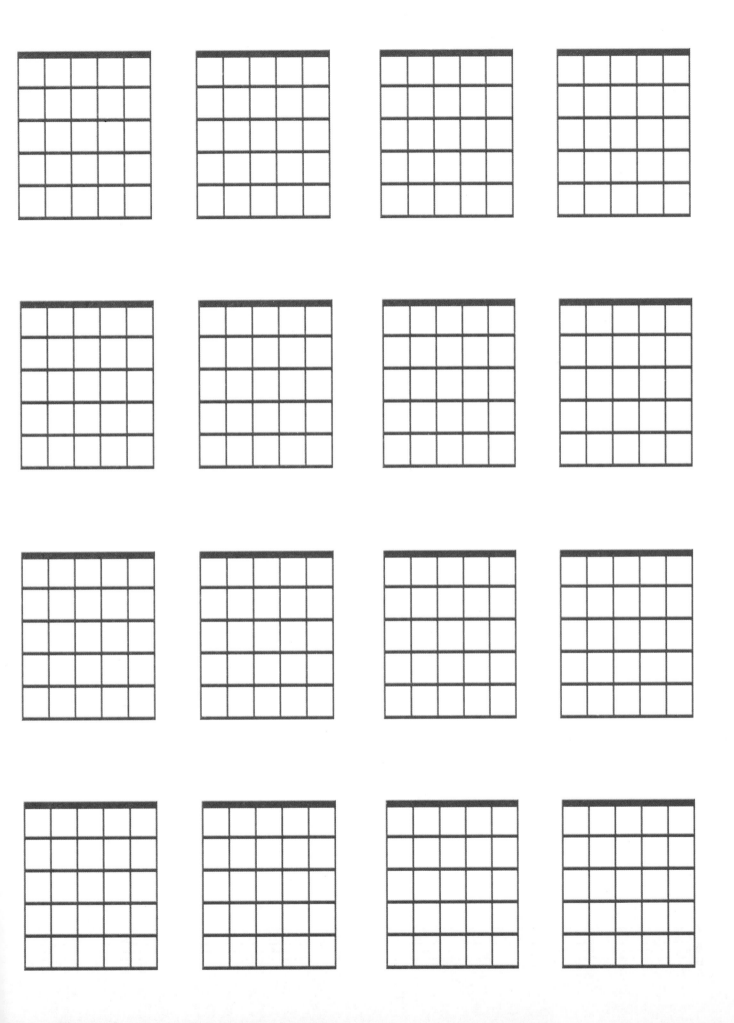

```
T
A
B

T
A
B

T
A
B

T
A
B

T
A
B

T
A
B

T
A
B

T
A
B

T
A
B
```

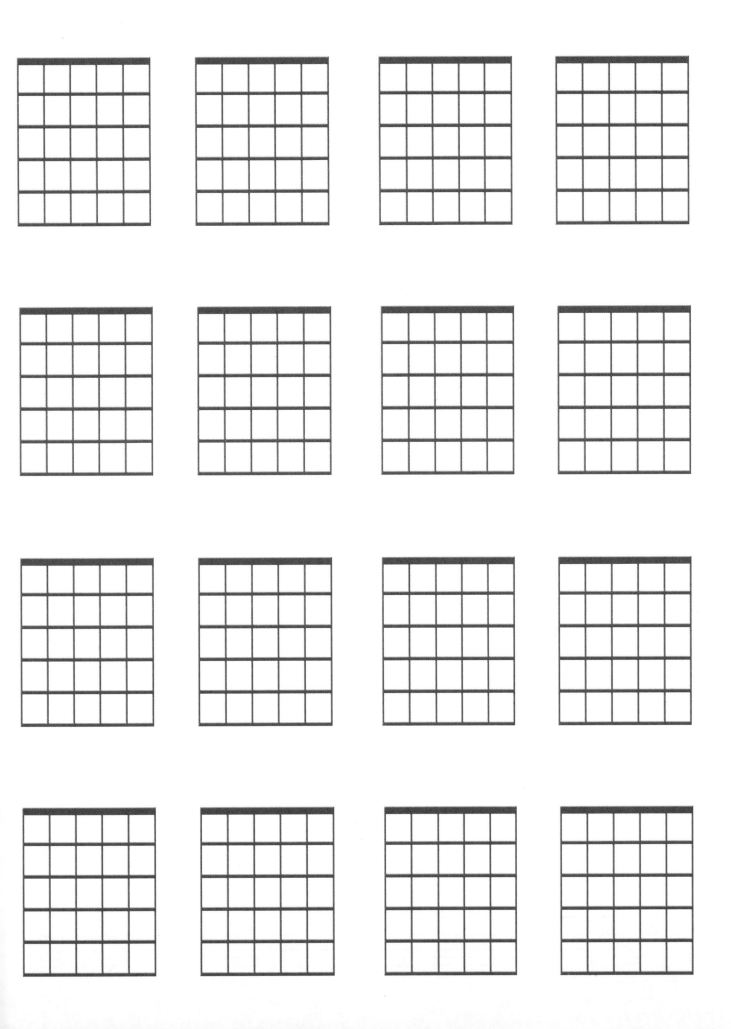

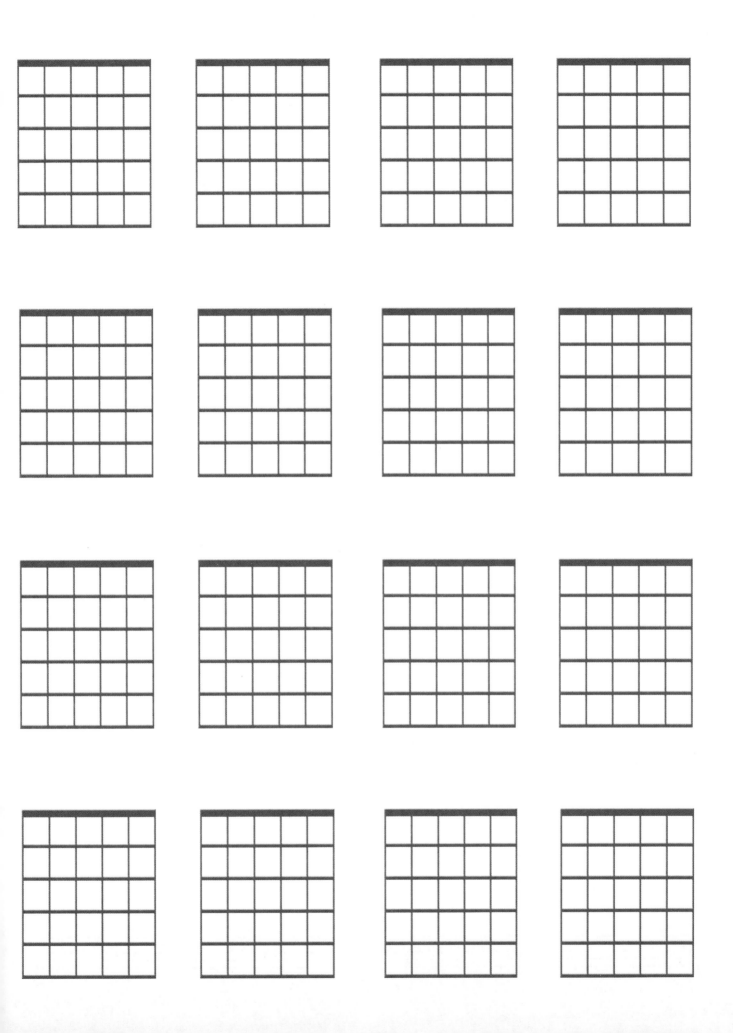

```
T
A
B

T
A
B

T
A
B

T
A
B

T
A
B

T
A
B

T
A
B

T
A
B

T
A
B
```

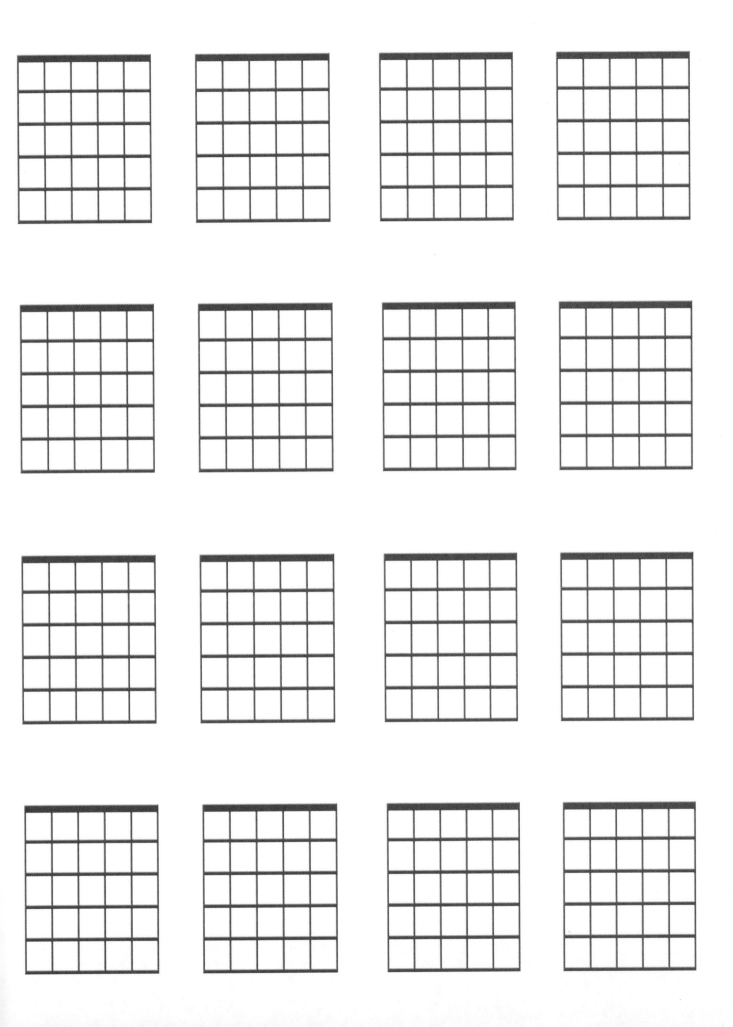

```
T
A
B
```

```
T
A
B
```

```
T
A
B
```

```
T
A
B
```

```
T
A
B
```

```
T
A
B
```

```
T
A
B
```

```
T
A
B
```

```
T
A
B
```

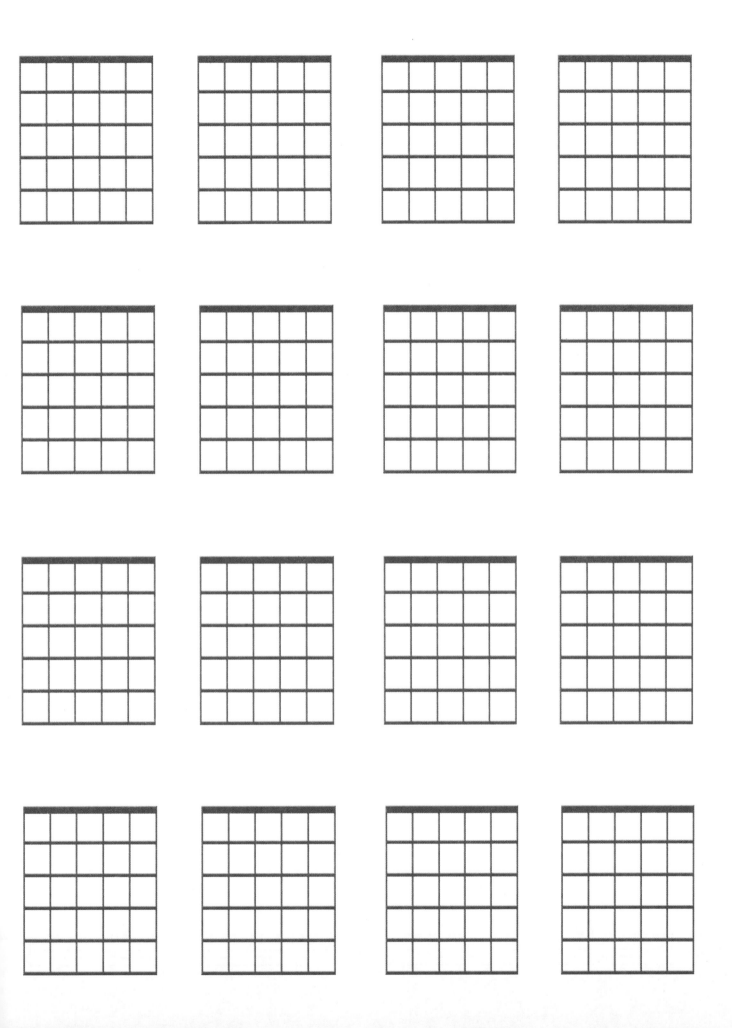

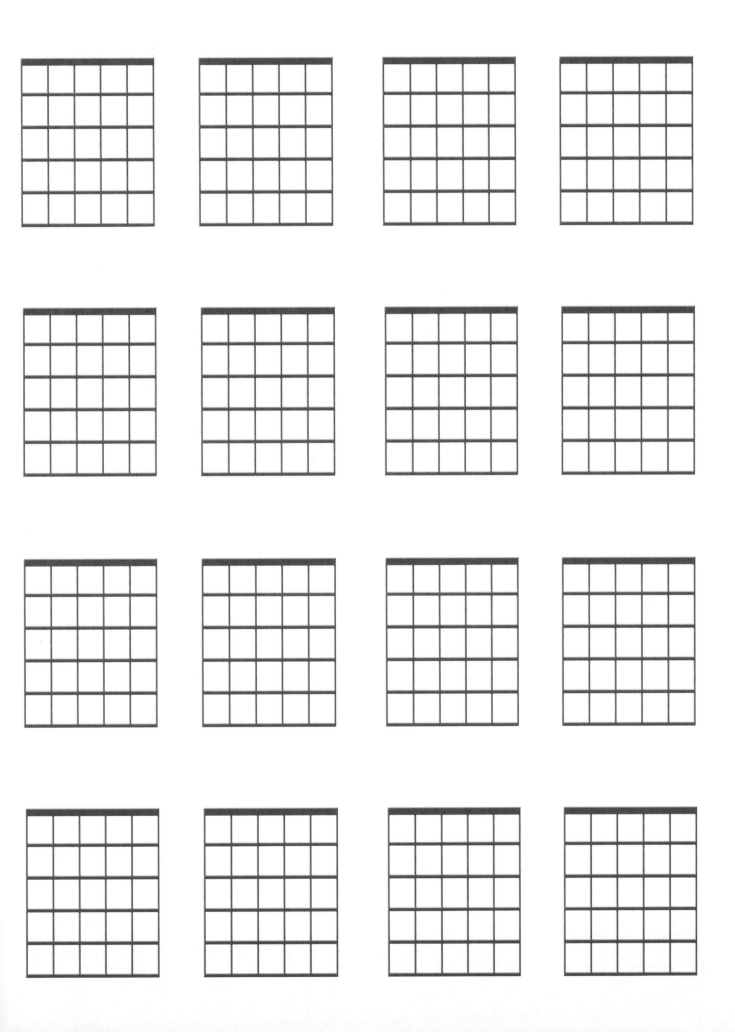

```
T
A
B
```

```
T
A
B
```

```
T
A
B
```

```
T
A
B
```

```
T
A
B
```

```
T
A
B
```

```
T
A
B
```

```
T
A
B
```

```
T
A
B
```

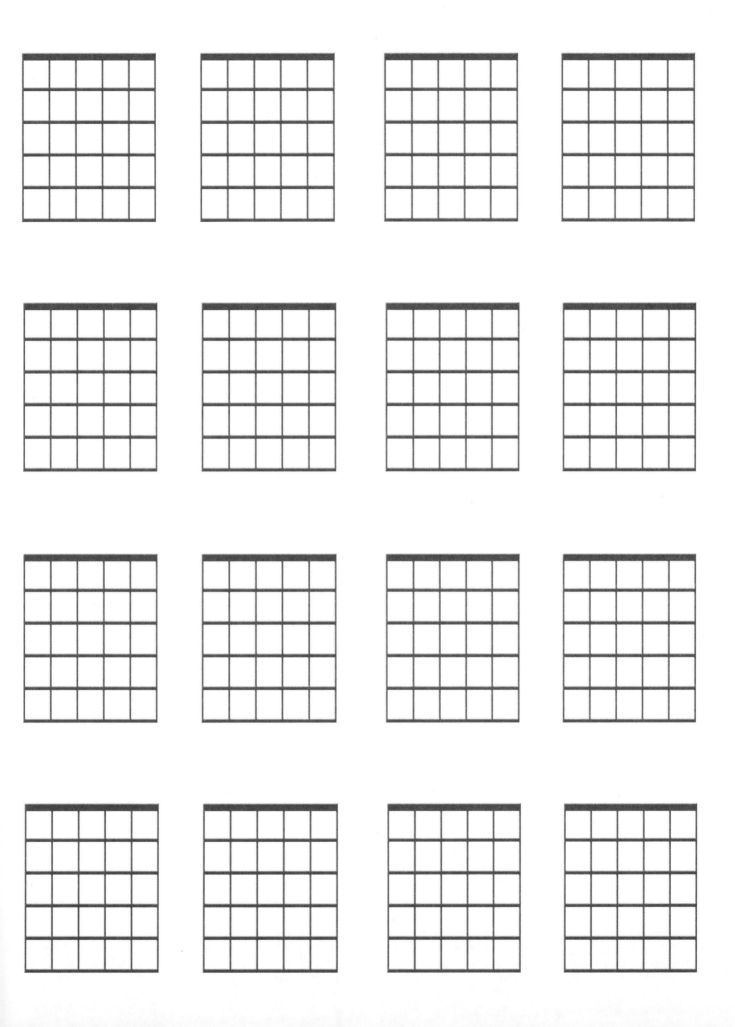

```
T
A
B


T
A
B


T
A
B


T
A
B


T
A
B


T
A
B


T
A
B


T
A
B


T
A
B
```

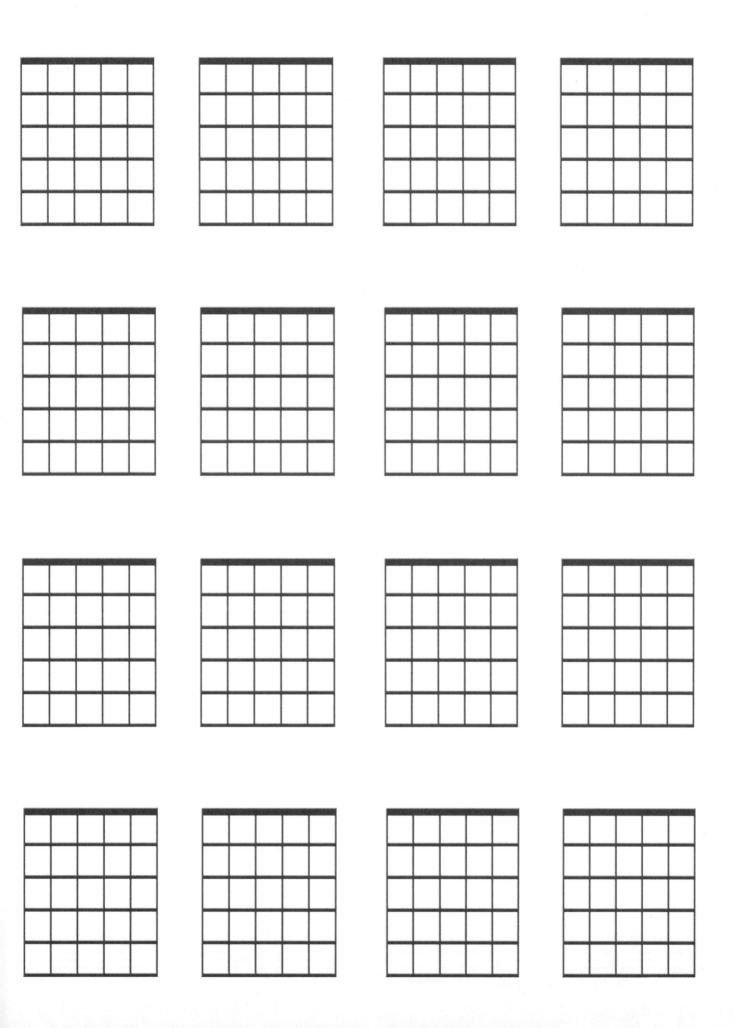

TAB

TAB

TAB

TAB

TAB

TAB

TAB

TAB

TAB

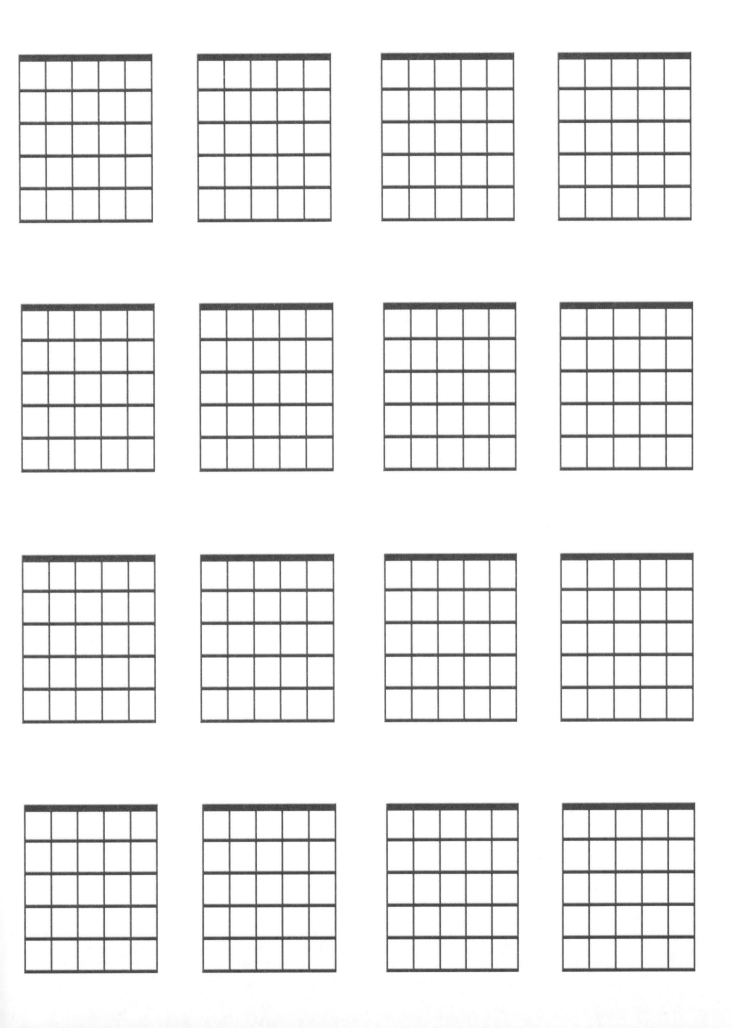

T
A
B

T
A
B

T
A
B

T
A
B

T
A
B

T
A
B

T
A
B

T
A
B

T
A
B

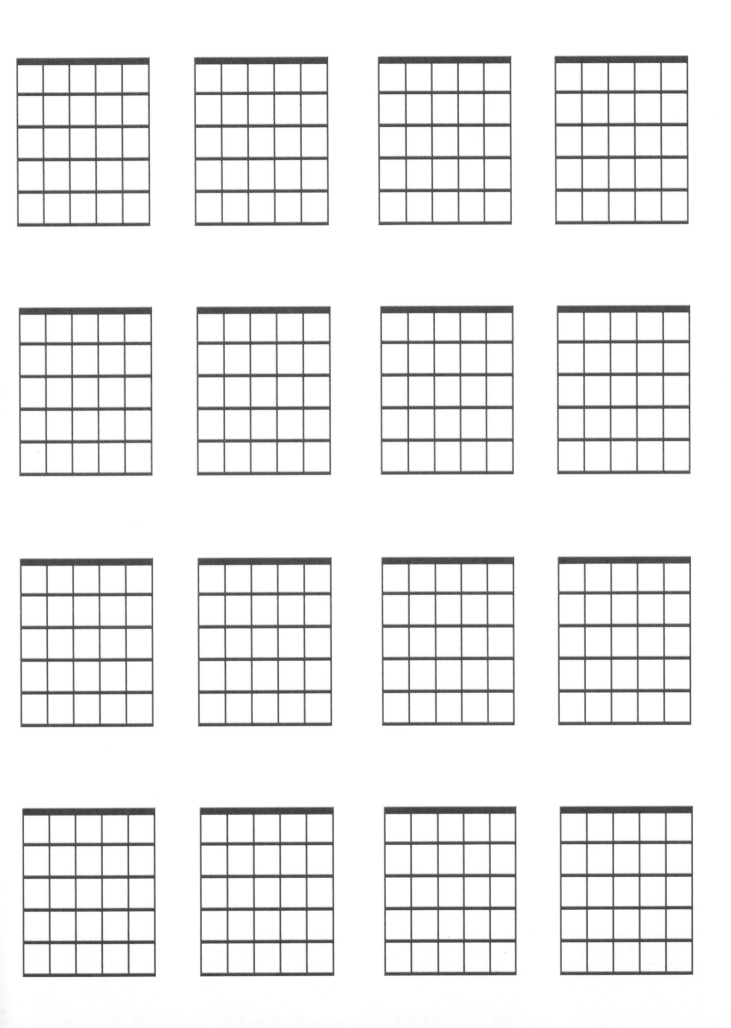

```
T
A
B
```

```
T
A
B
```

```
T
A
B
```

```
T
A
B
```

```
T
A
B
```

```
T
A
B
```

```
T
A
B
```

```
T
A
B
```

```
T
A
B
```

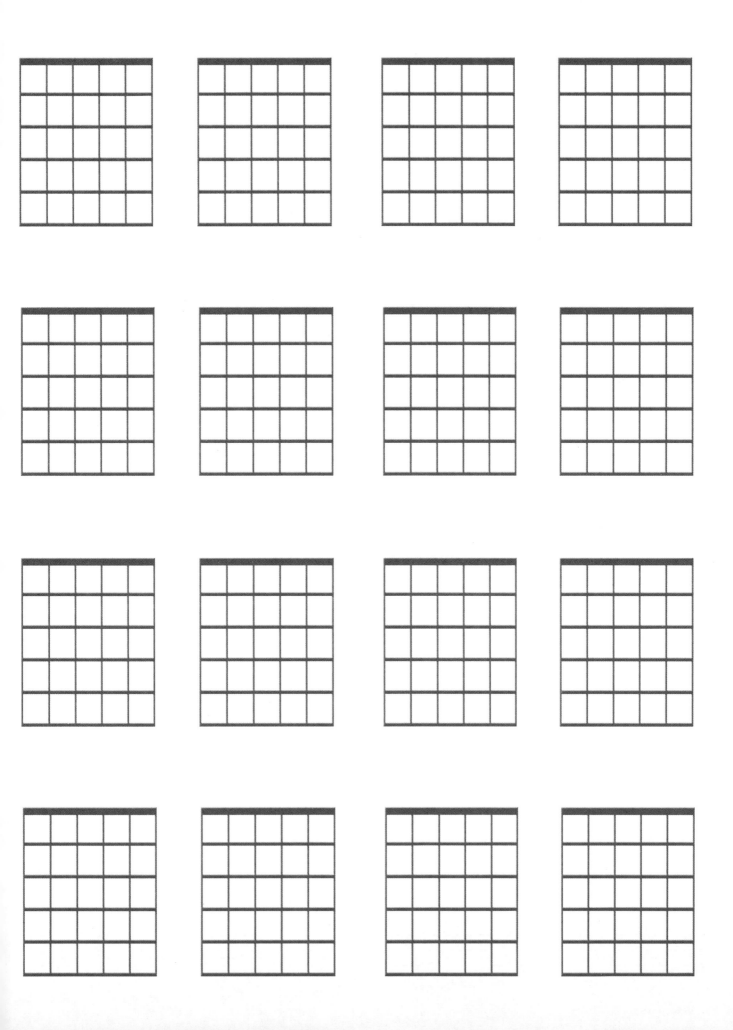

```
T
A
B


T
A
B


T
A
B


T
A
B


T
A
B


T
A
B


T
A
B


T
A
B


T
A
B
```

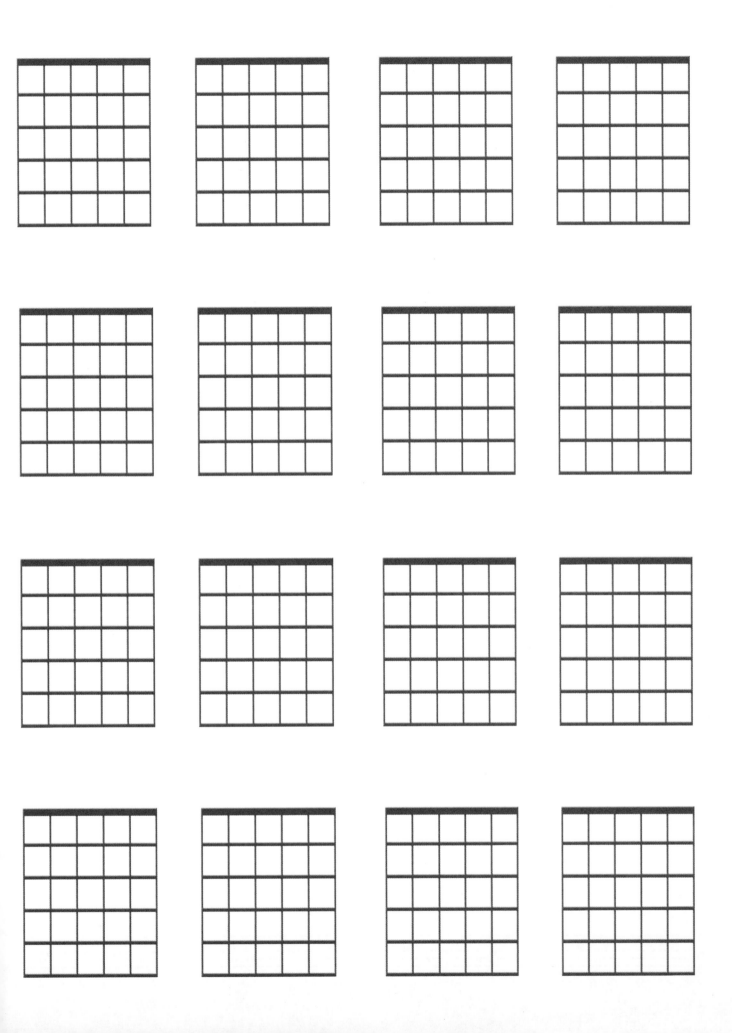

```
T
A
B
```

```
T
A
B
```

```
T
A
B
```

```
T
A
B
```

```
T
A
B
```

```
T
A
B
```

```
T
A
B
```

```
T
A
B
```

```
T
A
B
```

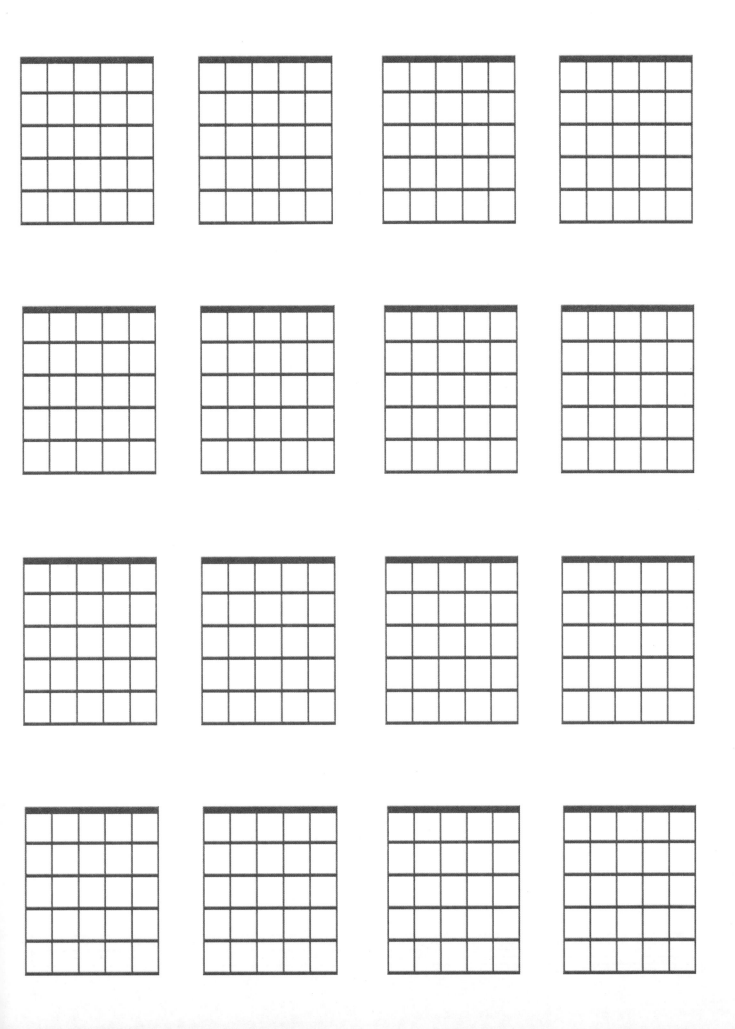

T
A
B

T
A
B

T
A
B

T
A
B

T
A
B

T
A
B

T
A
B

T
A
B

T
A
B

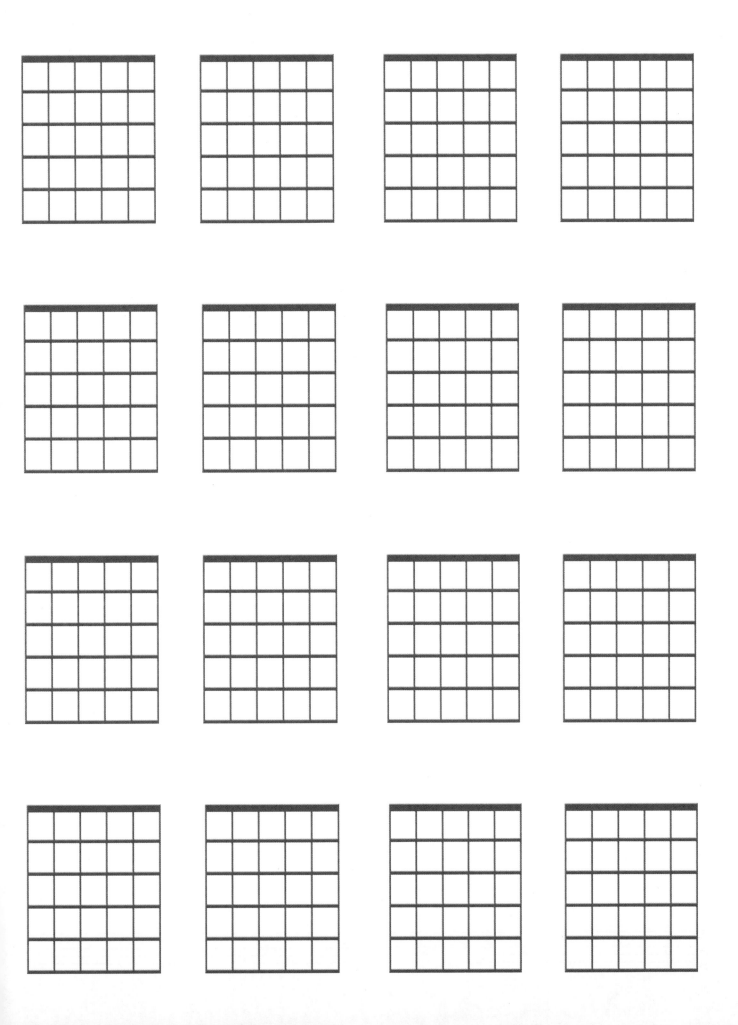

```
T
A
B


T
A
B


T
A
B


T
A
B


T
A
B


T
A
B


T
A
B


T
A
B


T
A
B
```

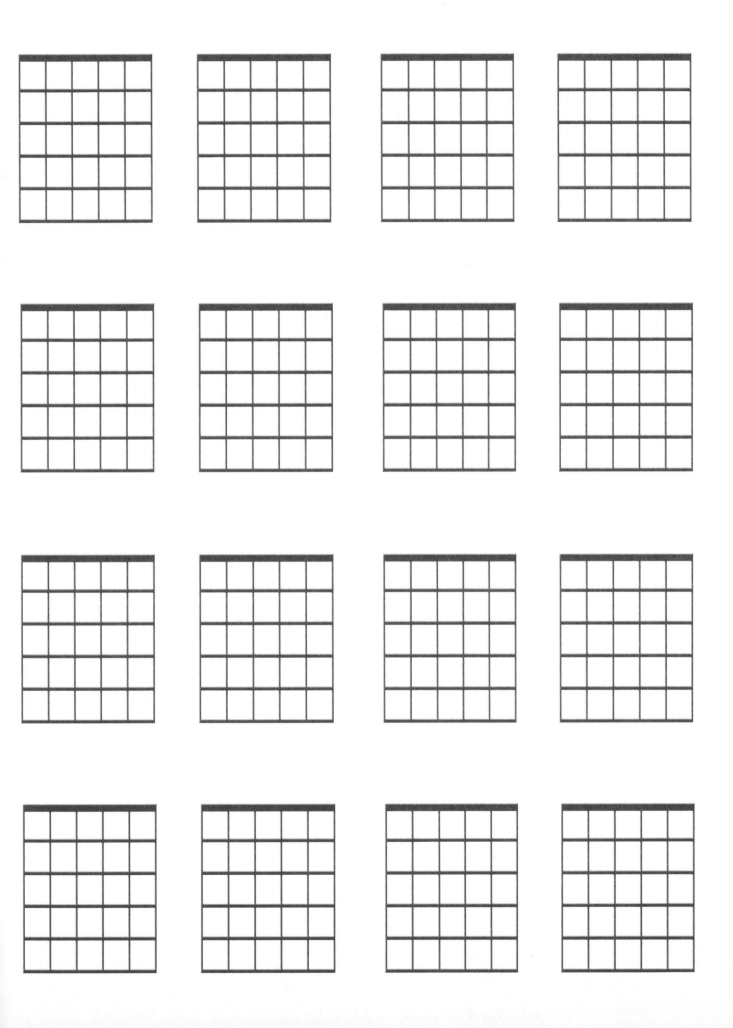

```
T
A
B

T
A
B

T
A
B

T
A
B

T
A
B

T
A
B

T
A
B

T
A
B

T
A
B
```

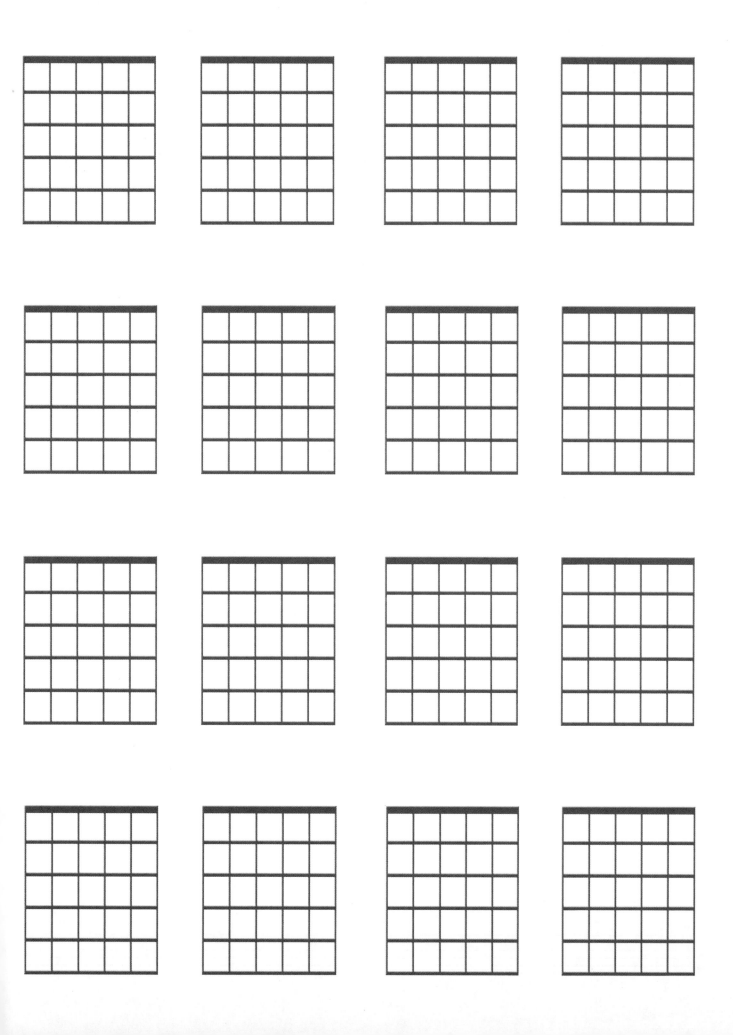

TAB

TAB

TAB

TAB

TAB

TAB

TAB

TAB

TAB

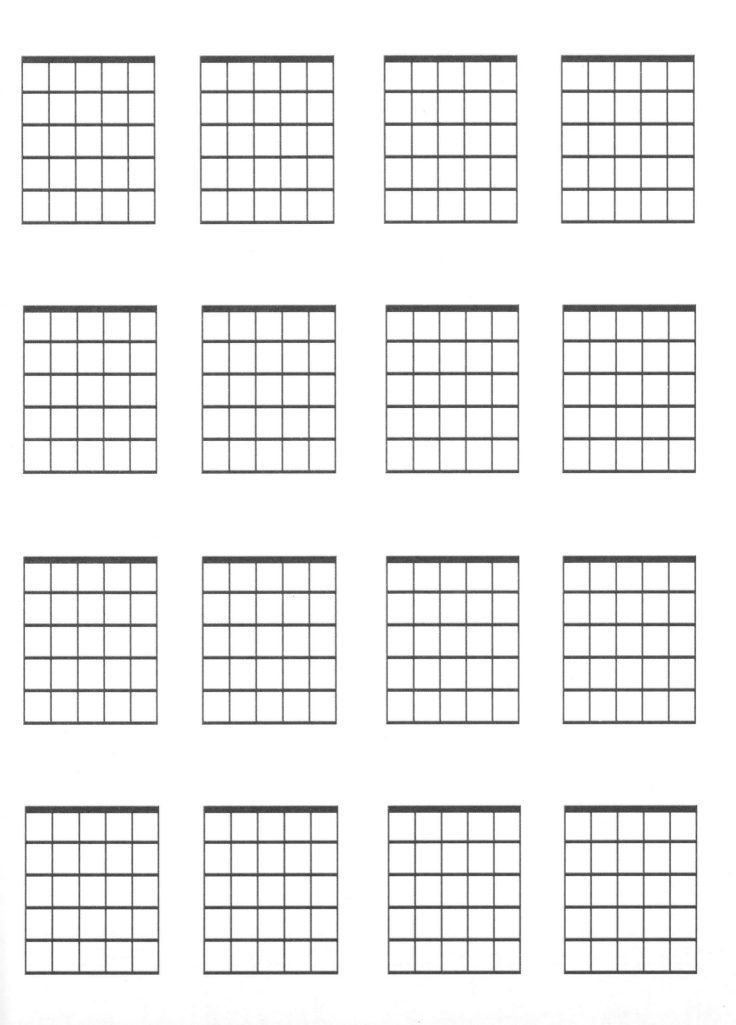

T
A
B

T
A
B

T
A
B

T
A
B

T
A
B

T
A
B

T
A
B

T
A
B

T
A
B

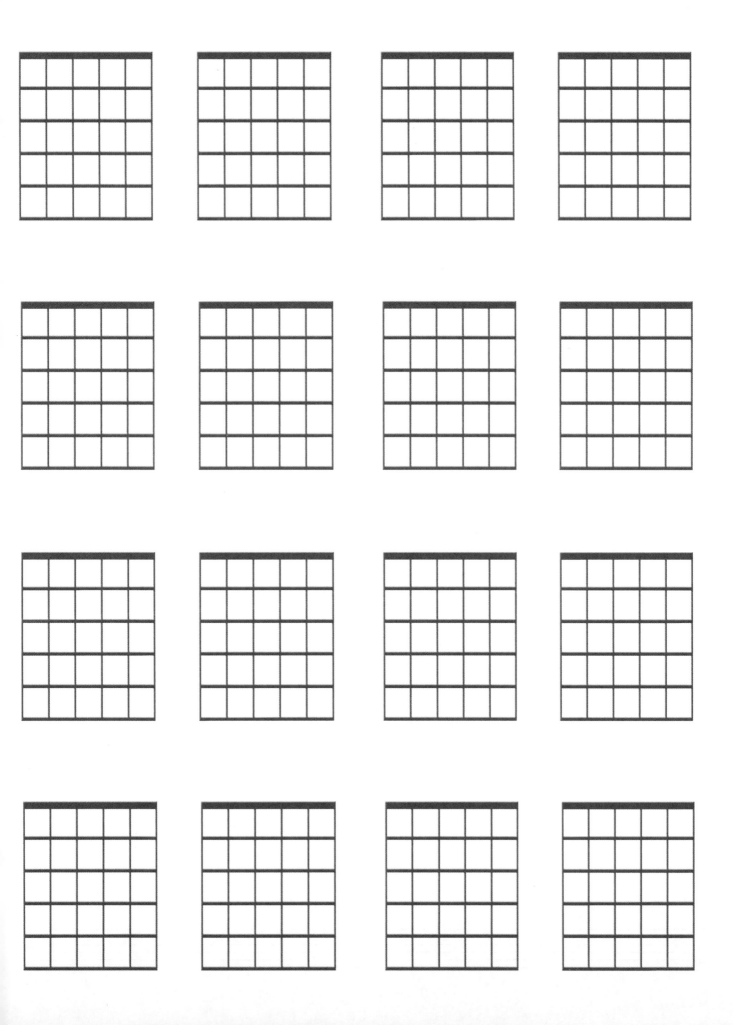

```
T
A
B

T
A
B

T
A
B

T
A
B

T
A
B

T
A
B

T
A
B

T
A
B

T
A
B
```

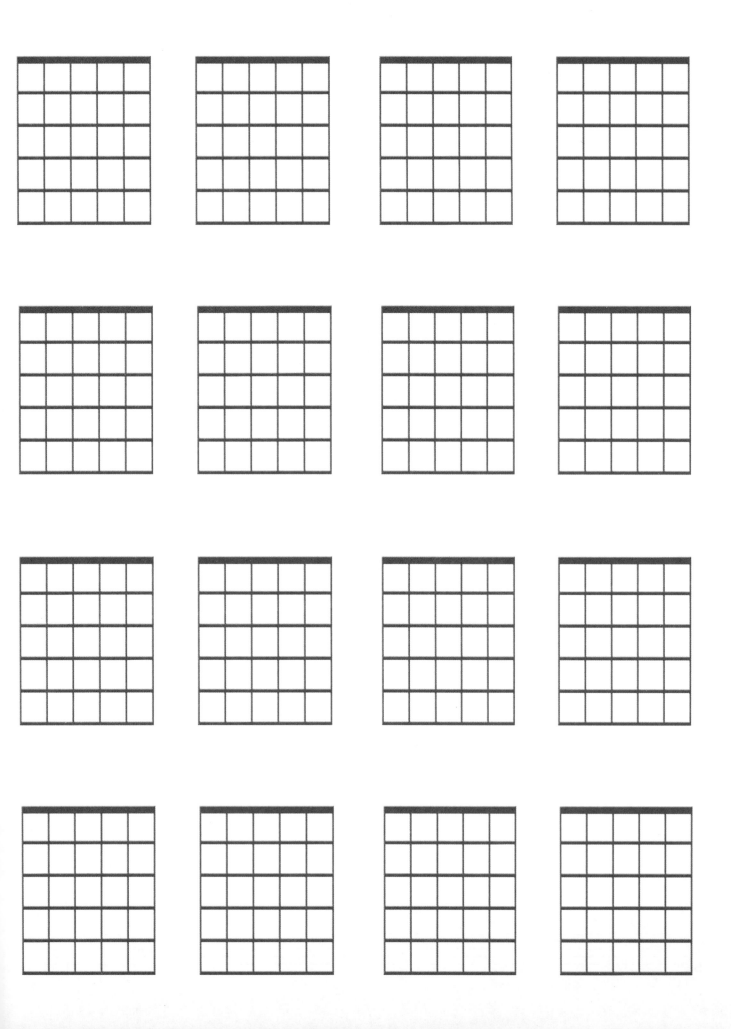

T
A
B

T
A
B

T
A
B

T
A
B

T
A
B

T
A
B

T
A
B

T
A
B

T
A
B

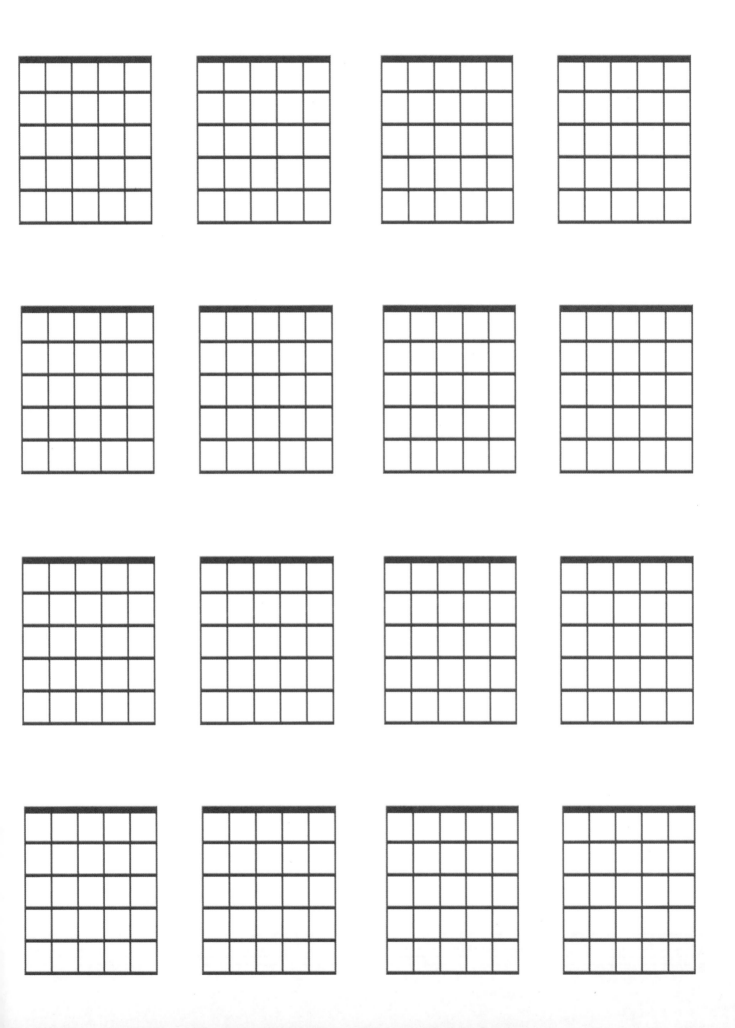

T
A
B

T
A
B

T
A
B

T
A
B

T
A
B

T
A
B

T
A
B

T
A
B

T
A
B

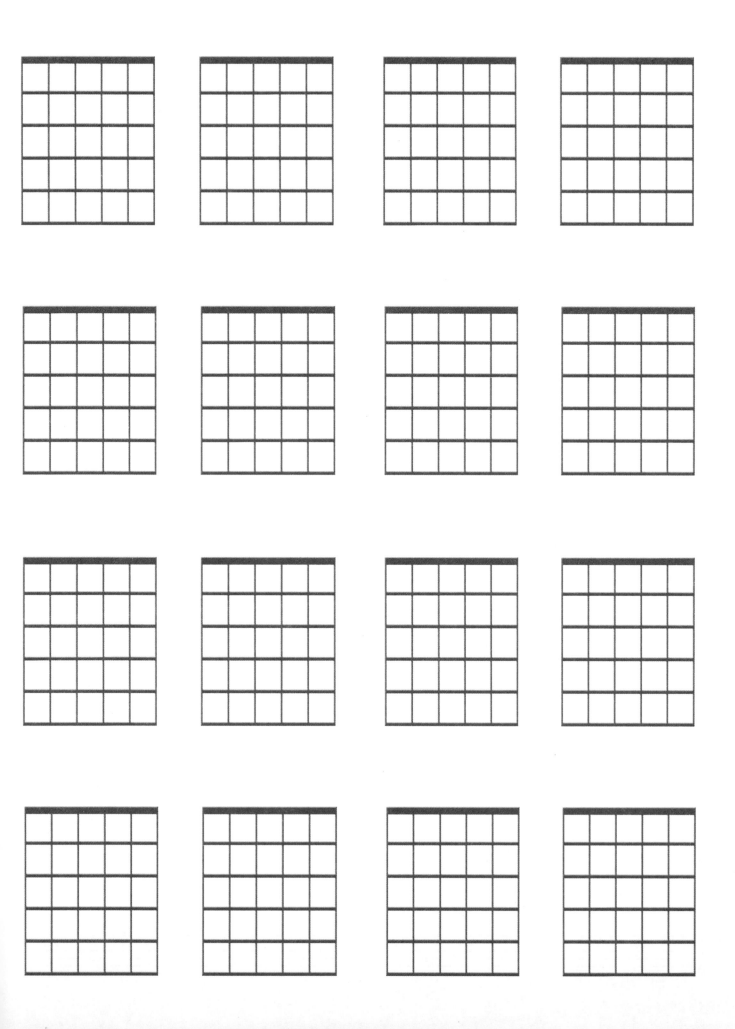

```
T
A
B


T
A
B


T
A
B


T
A
B


T
A
B


T
A
B


T
A
B


T
A
B


T
A
B
```

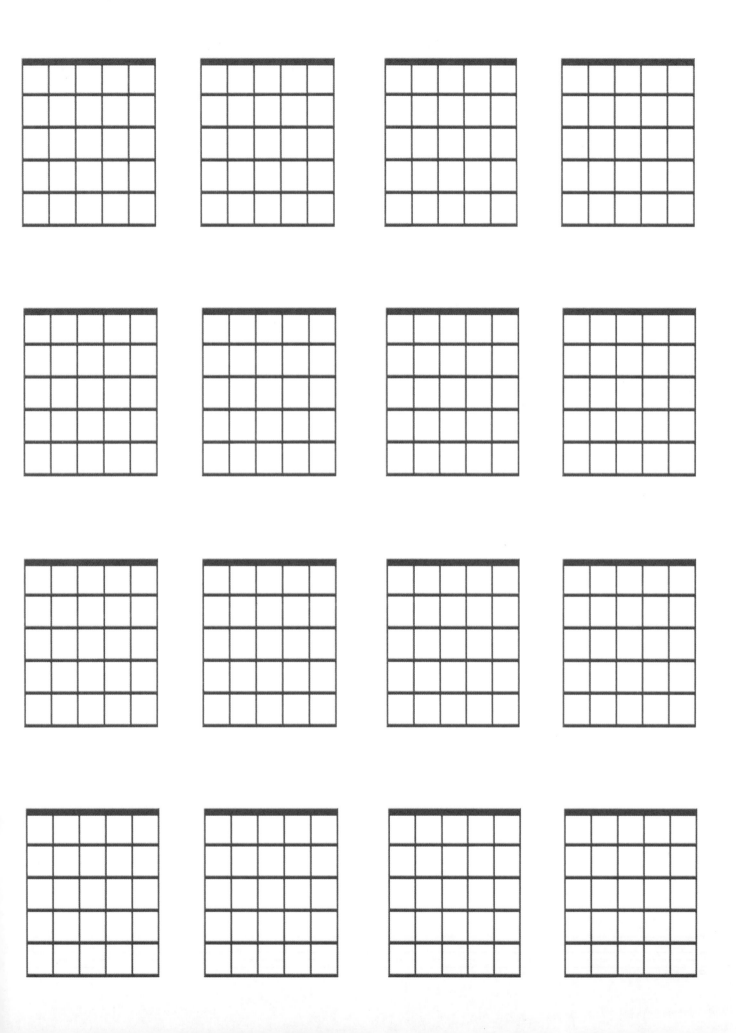

```
T
A
B



T
A
B



T
A
B



T
A
B



T
A
B



T
A
B



T
A
B



T
A
B



T
A
B
```

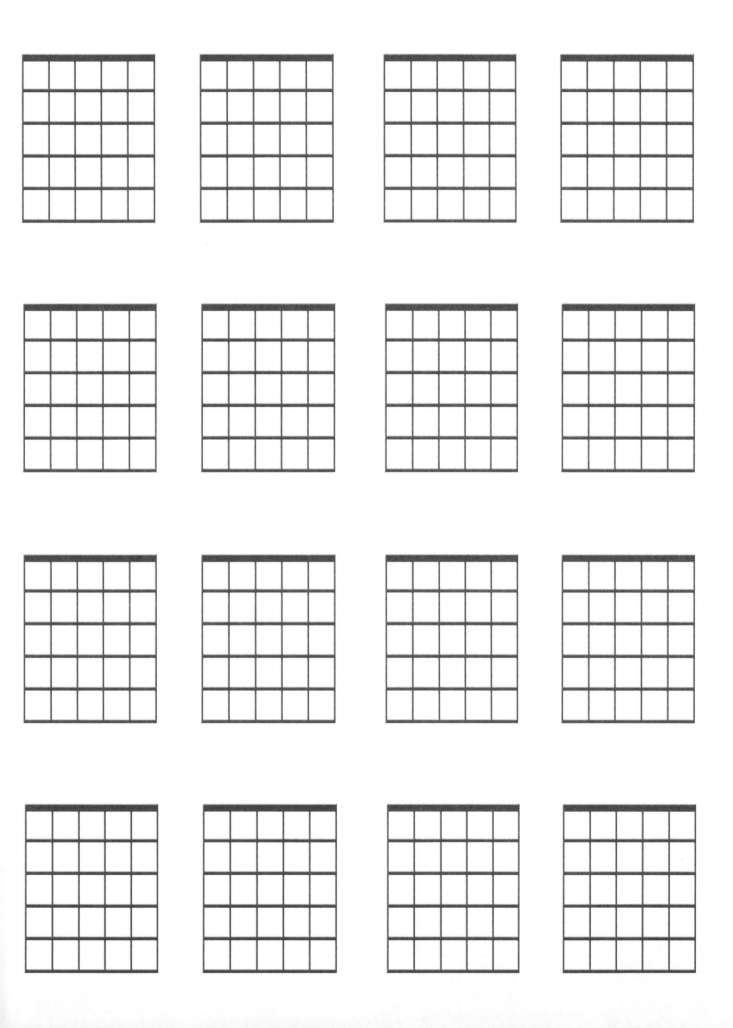

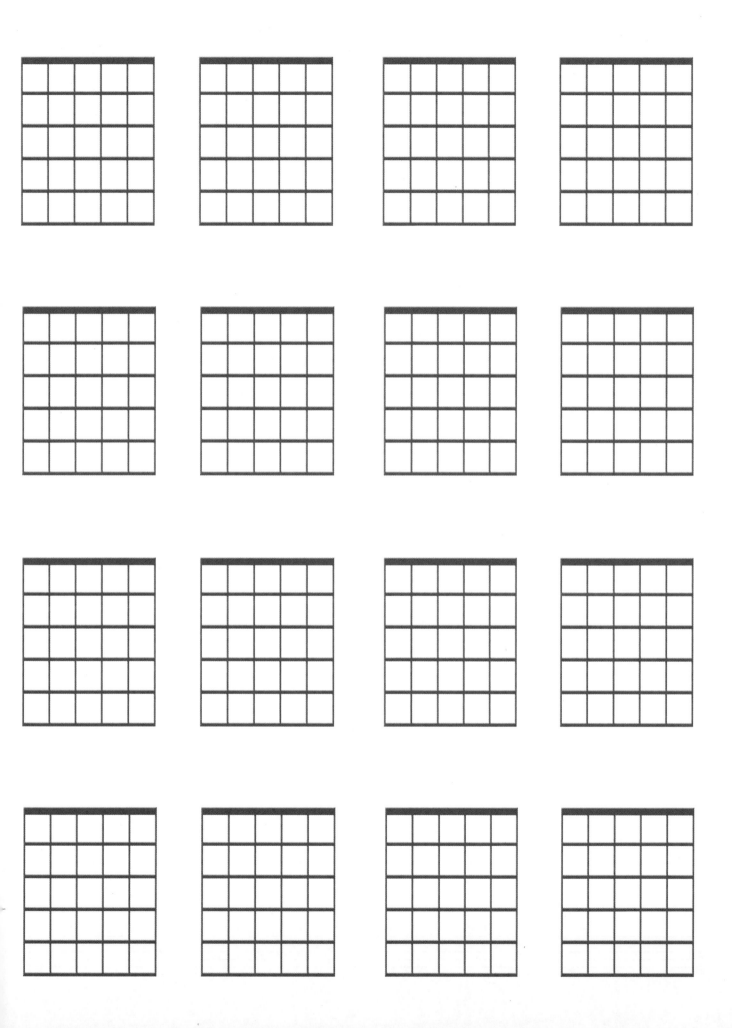

```
T
A
B
```

```
T
A
B
```

```
T
A
B
```

```
T
A
B
```

```
T
A
B
```

```
T
A
B
```

```
T
A
B
```

```
T
A
B
```

```
T
A
B
```

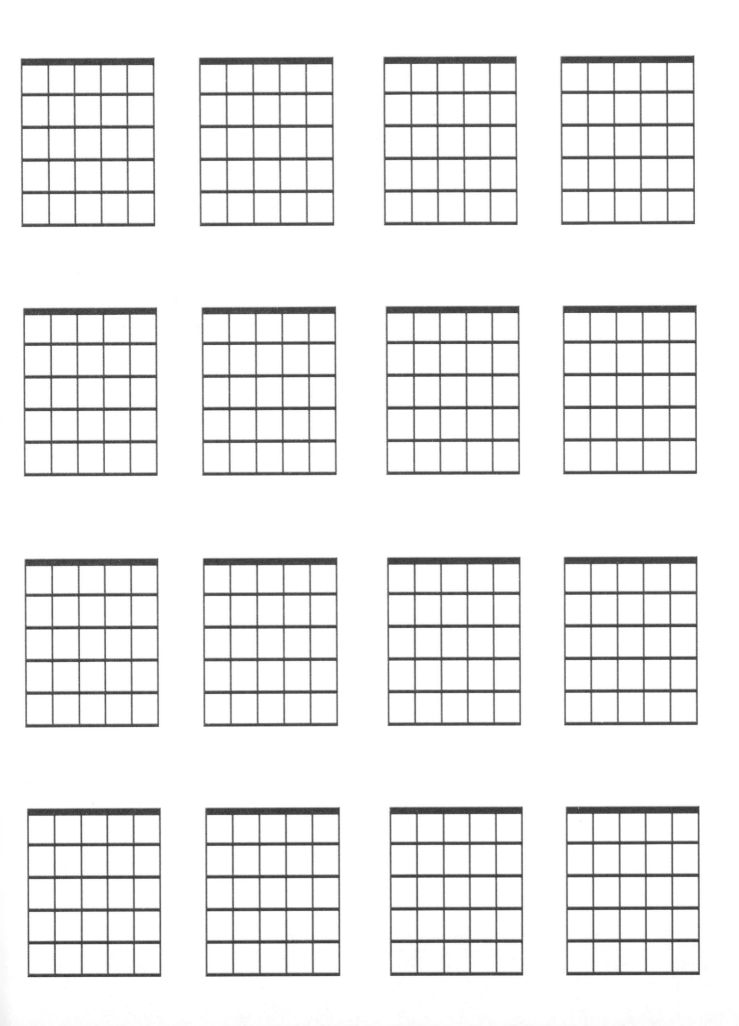

TAB

TAB

TAB

TAB

TAB

TAB

TAB

TAB

TAB

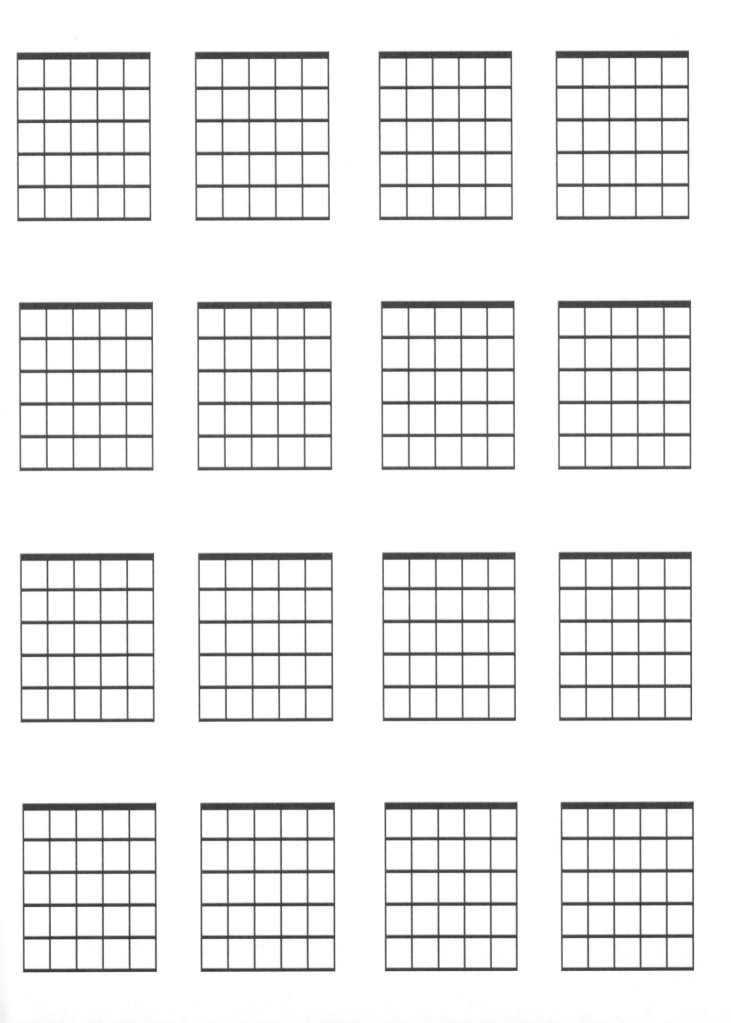

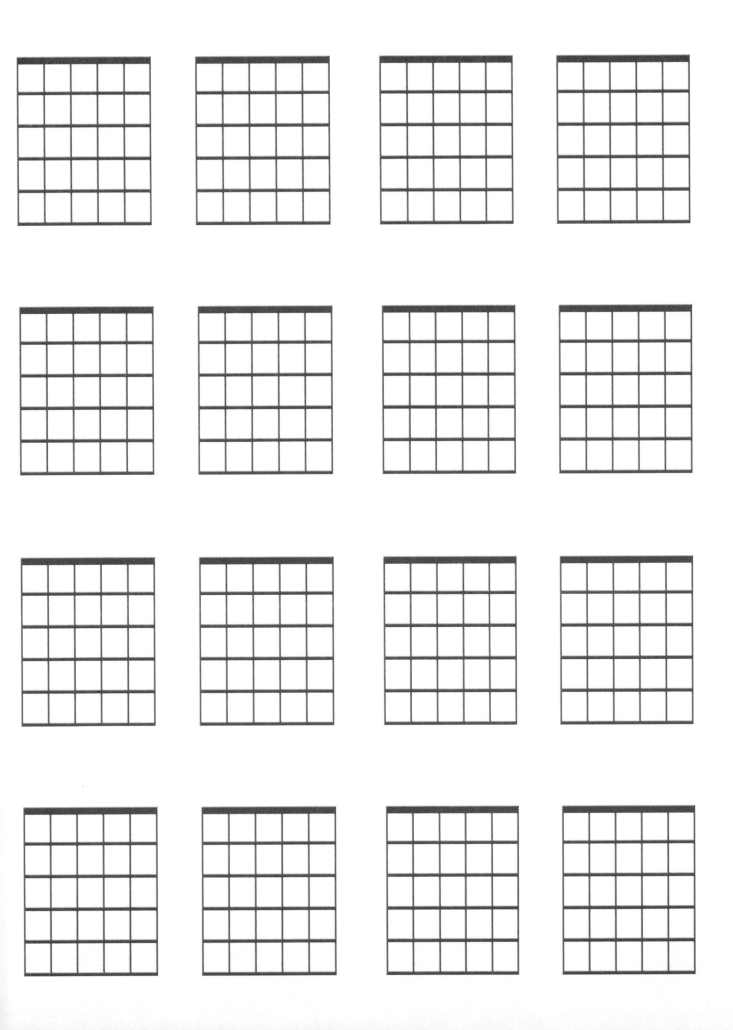

```
T
A
B


T
A
B


T
A
B


T
A
B


T
A
B


T
A
B


T
A
B


T
A
B


T
A
B
```

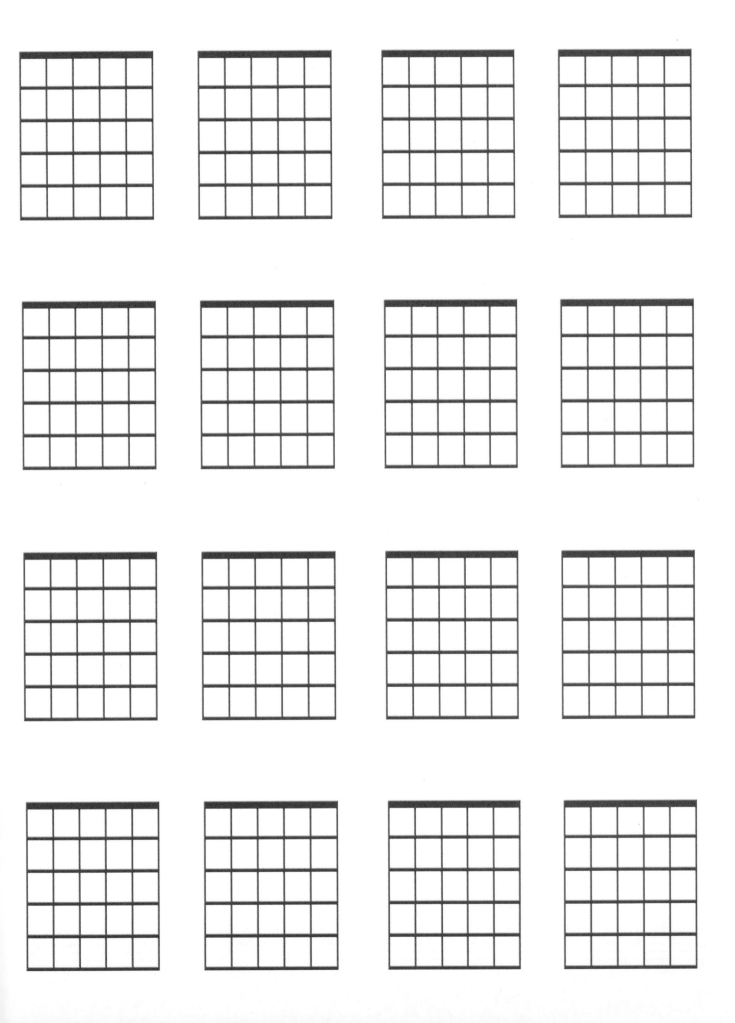

```
T
A
B

T
A
B

T
A
B

T
A
B

T
A
B

T
A
B

T
A
B

T
A
B

T
A
B
```

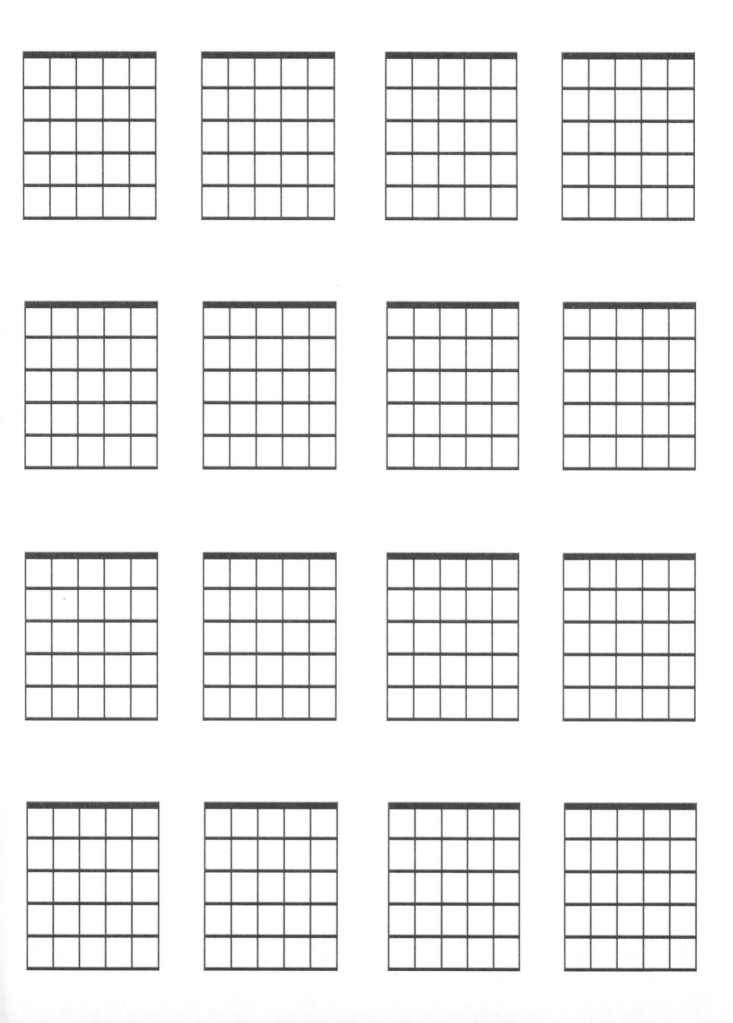

T
A
B

T
A
B

T
A
B

T
A
B

T
A
B

T
A
B

T
A
B

T
A
B

T
A
B

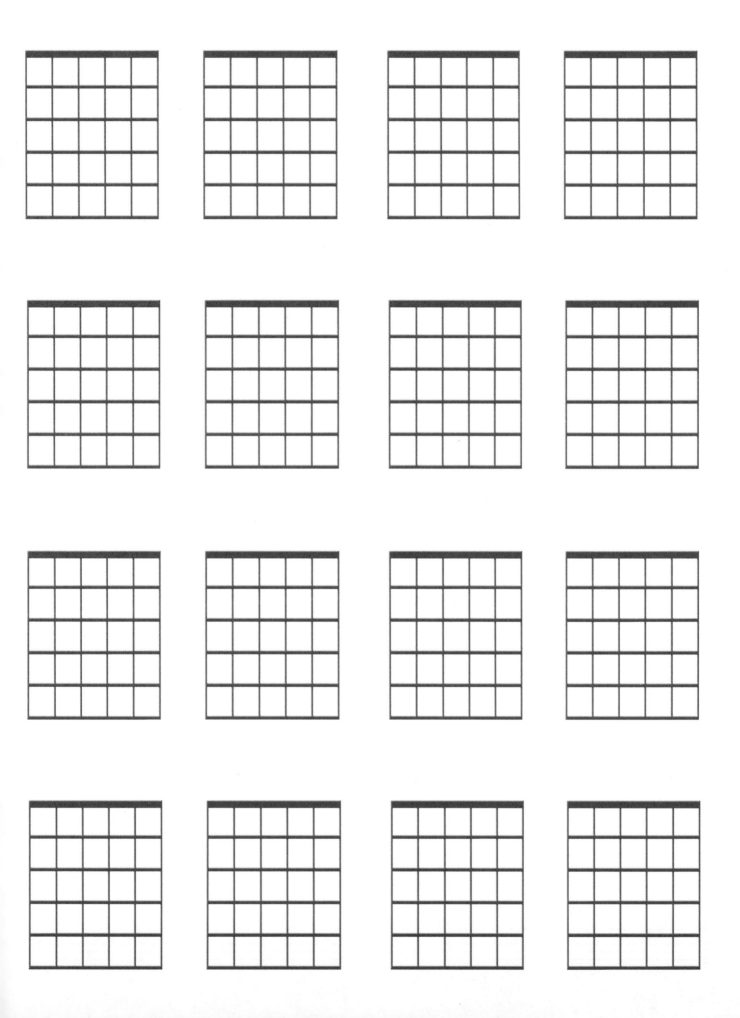

```
T
A
B


T
A
B


T
A
B


T
A
B


T
A
B


T
A
B


T
A
B


T
A
B


T
A
B
```

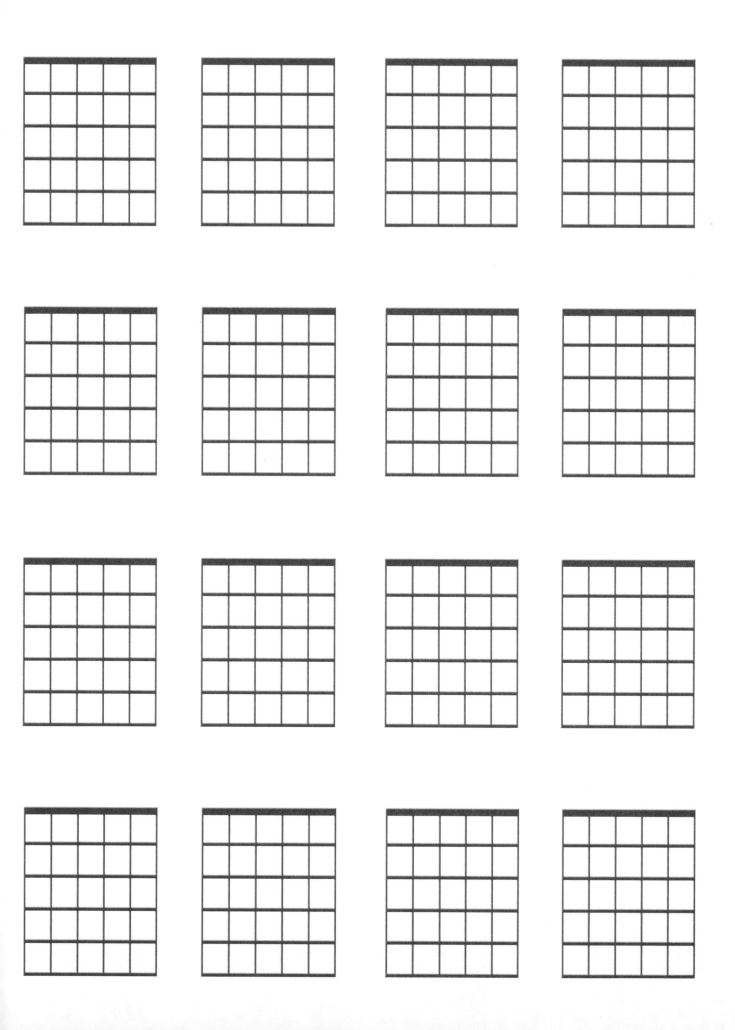

T
A
B

T
A
B

T
A
B

T
A
B

T
A
B

T
A
B

T
A
B

T
A
B

T
A
B

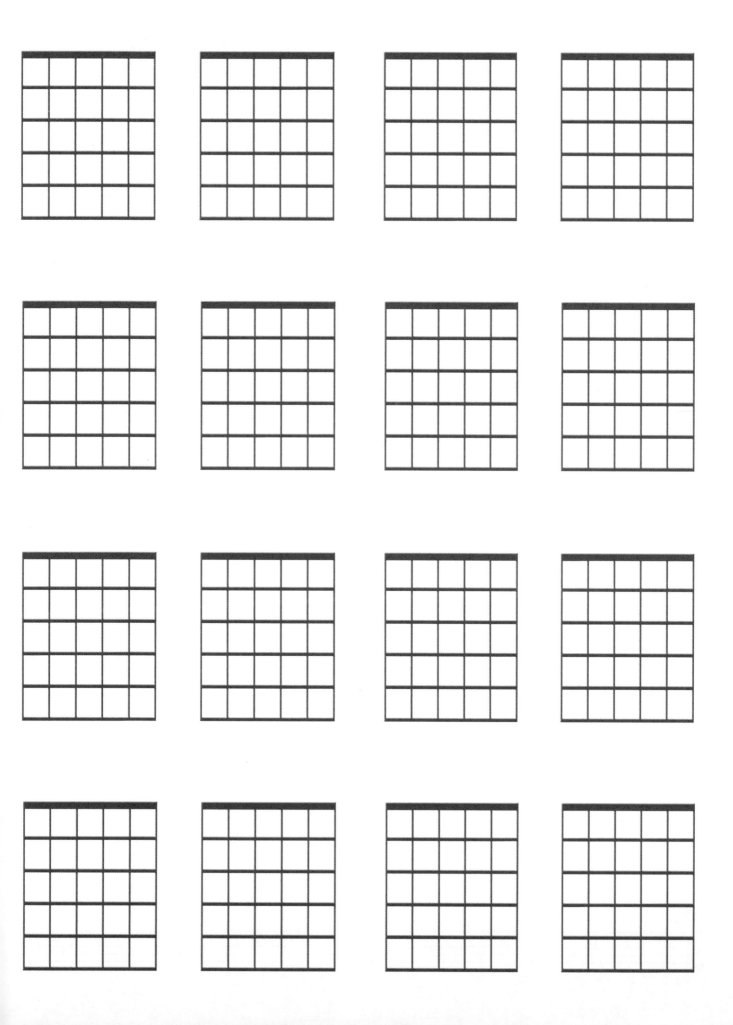

```
T
A
B


T
A
B


T
A
B


T
A
B


T
A
B


T
A
B


T
A
B


T
A
B


T
A
B
```

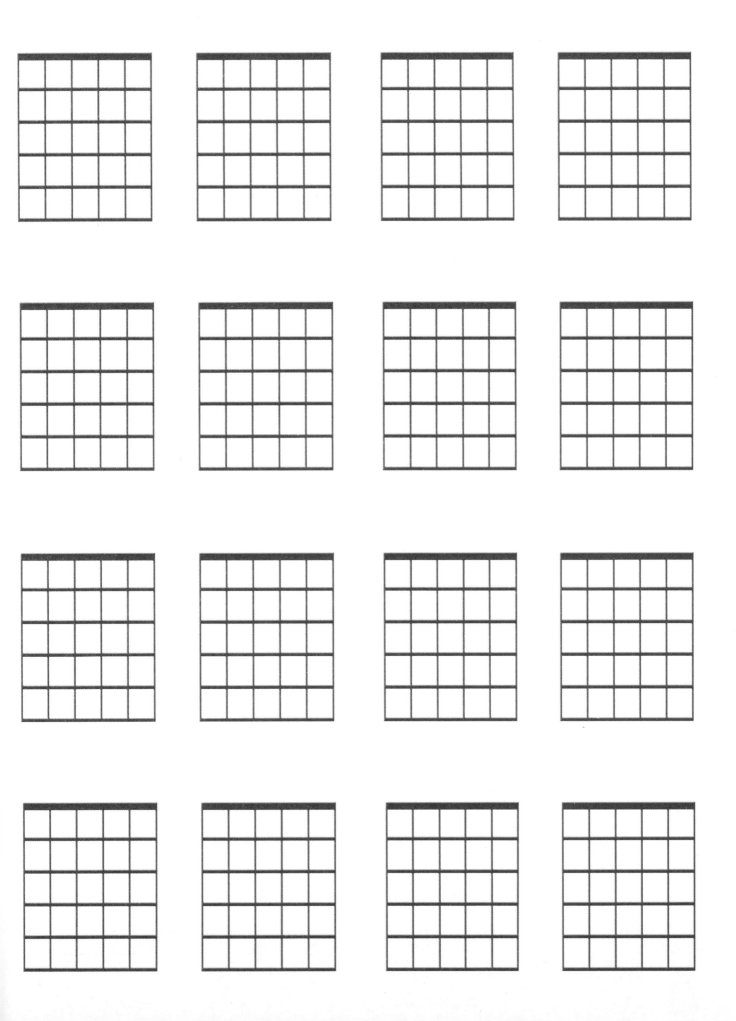

TAB

TAB

TAB

TAB

TAB

TAB

TAB

TAB

TAB

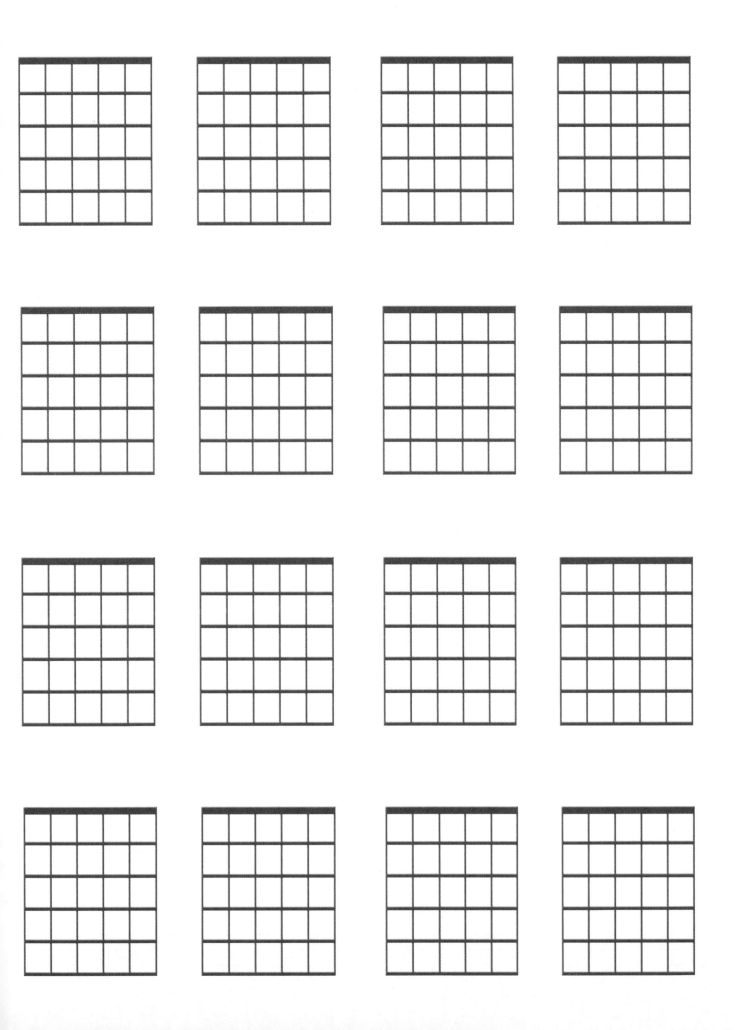

T
A
B

T
A
B

T
A
B

T
A
B

T
A
B

T
A
B

T
A
B

T
A
B

T
A
B

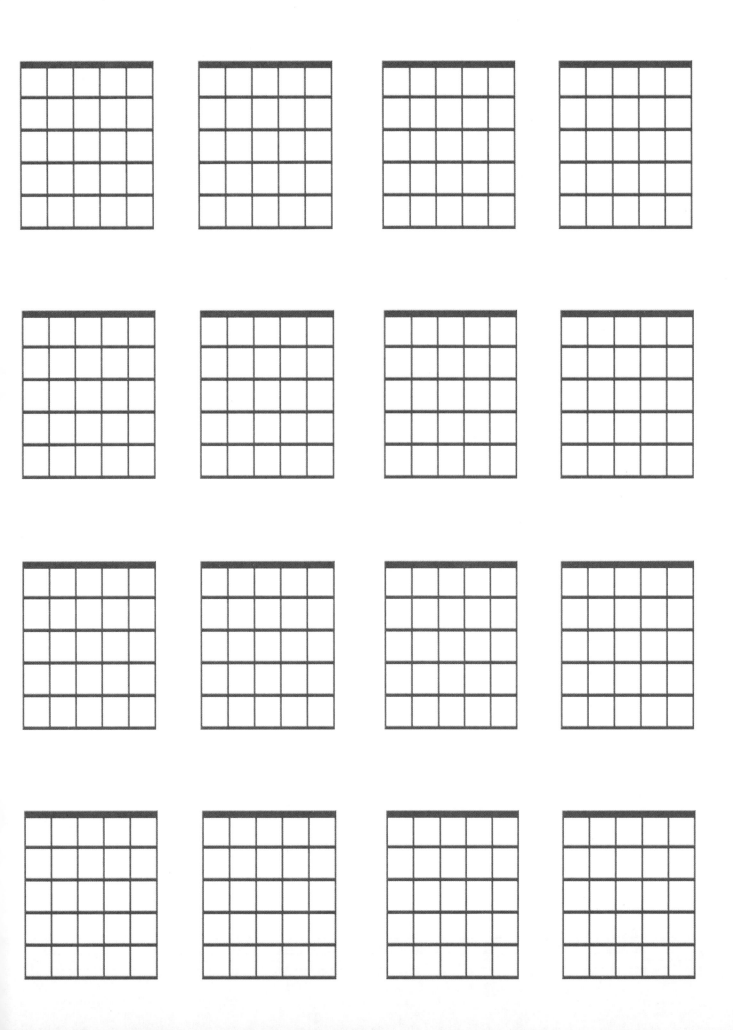

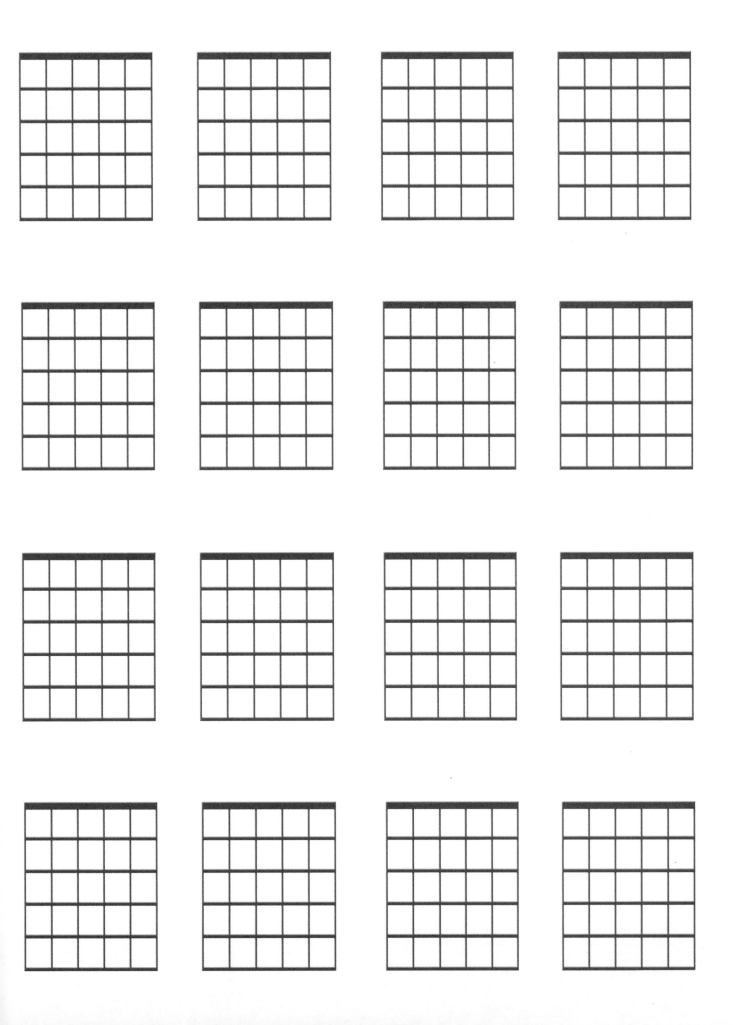

```
T
A
B
```

```
T
A
B
```

```
T
A
B
```

```
T
A
B
```

```
T
A
B
```

```
T
A
B
```

```
T
A
B
```

```
T
A
B
```

```
T
A
B
```

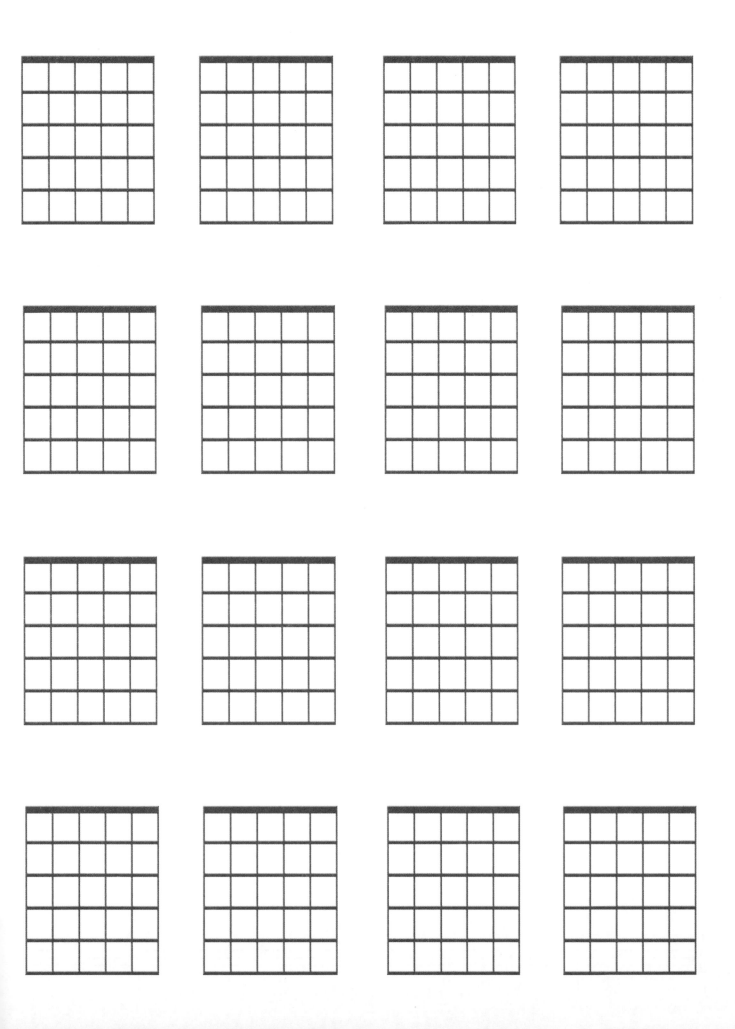

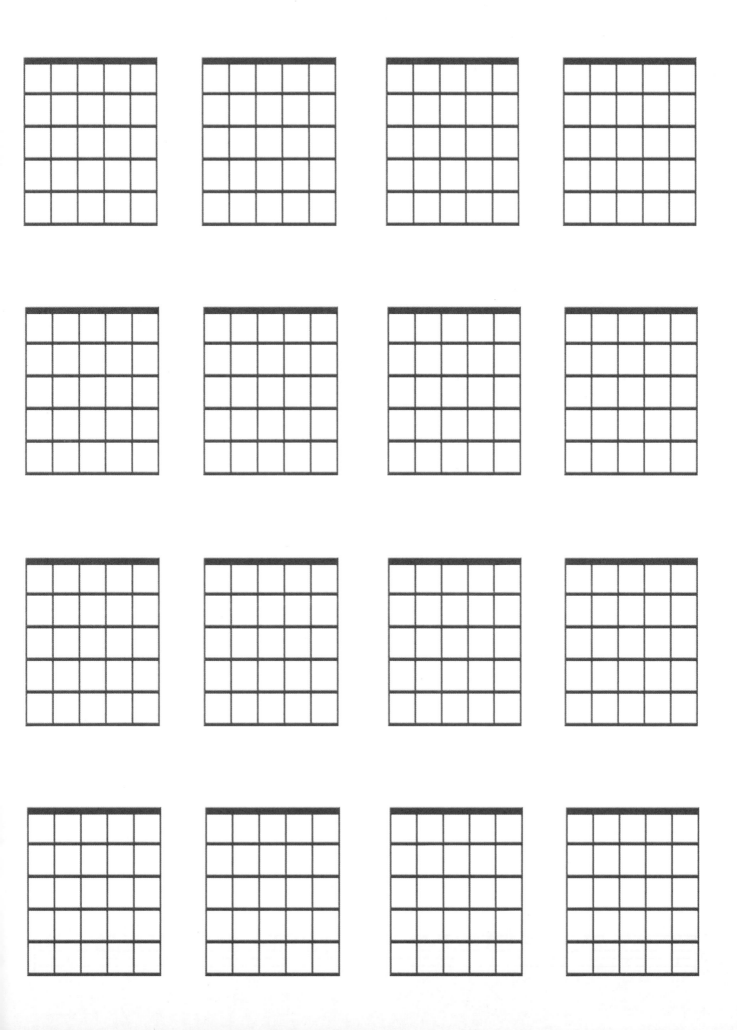

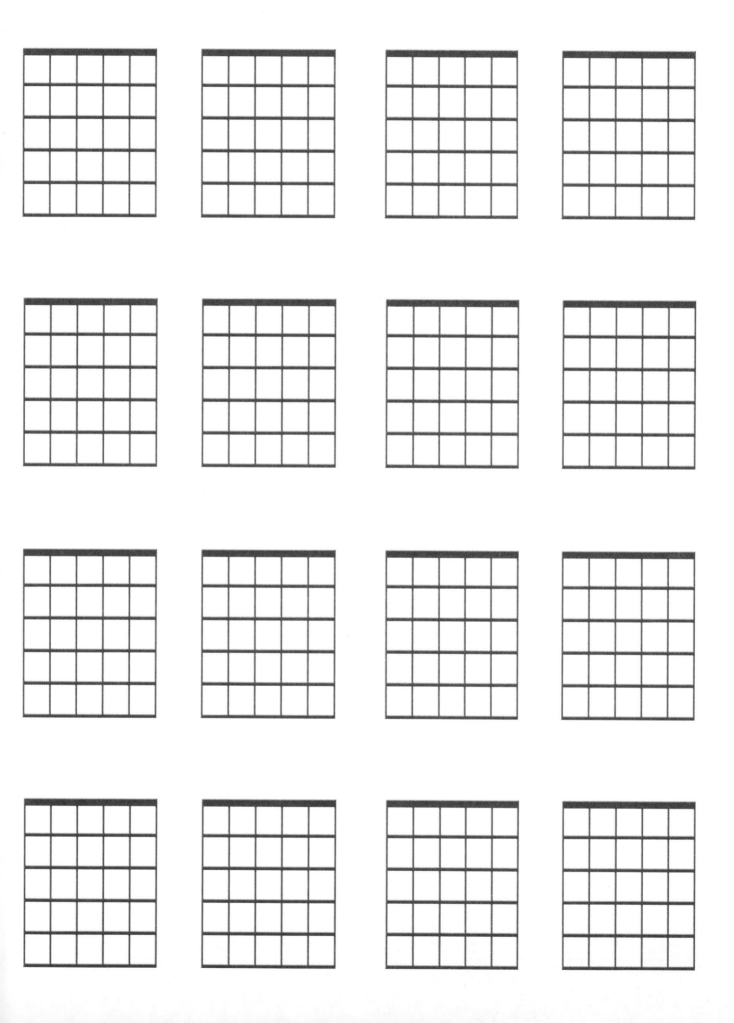

T
A
B

T
A
B

T
A
B

T
A
B

T
A
B

T
A
B

T
A
B

T
A
B

T
A
B

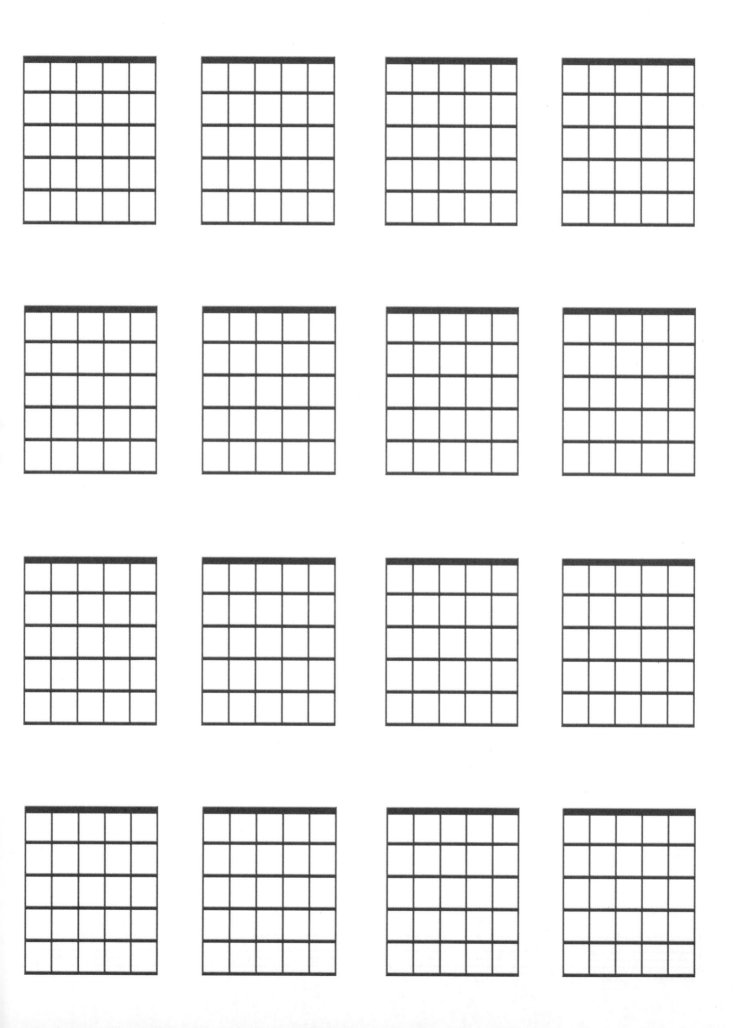

```
T
A
B
```

```
T
A
B
```

```
T
A
B
```

```
T
A
B
```

```
T
A
B
```

```
T
A
B
```

```
T
A
B
```

```
T
A
B
```

```
T
A
B
```

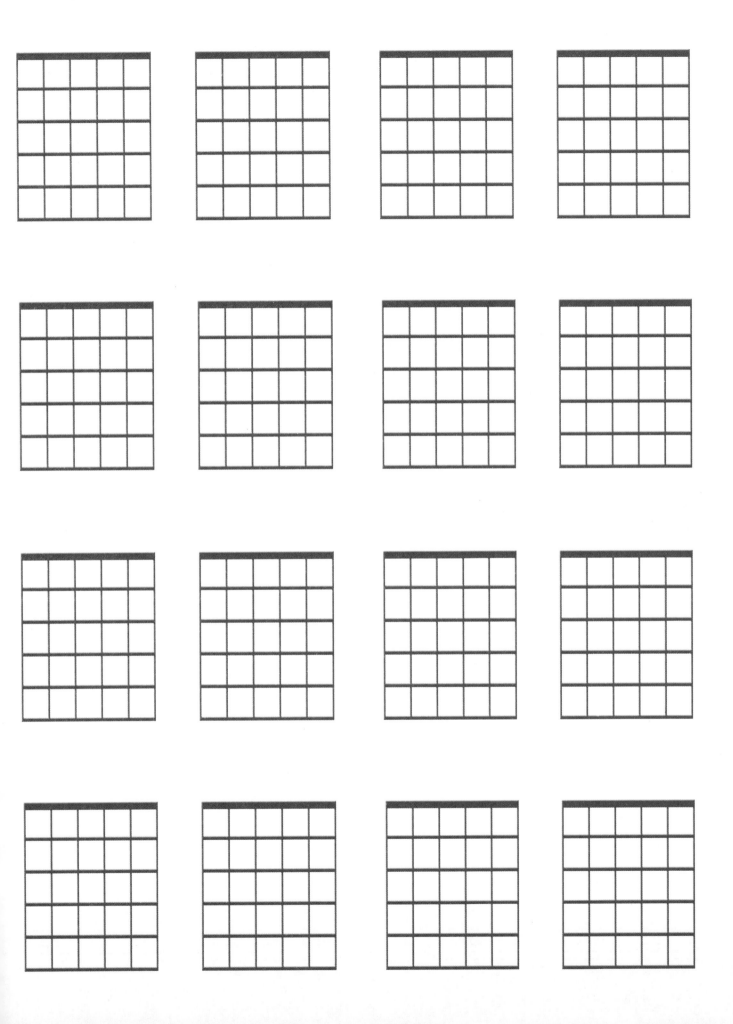

T
A
B

T
A
B

T
A
B

T
A
B

T
A
B

T
A
B

T
A
B

T
A
B

T
A
B